SILLER · KISTNER · HEIM

SWR1 LEUTE

DAS BUCH ZUR SENDUNG

Fotografische Portraits von Frank Paul Kistner
Texte von Wolfgang Heim und Stefan Siller

Herausgegeben von
SWR-Intendant Prof. Peter Voß

EDITION BRAUS

Professor Peter Voß

Verträgt ein auf breite Akzeptanz angelegtes Hörfunkprogramm mit einer verlässlichen Musikmischung als „Rückgrat" eine Talkshow? Kann man in der Konkurrenz zu unzähligen bunten Vormittagsmagazinen mit einer Sendung bestehen, die sich zwei Stunden lang mit einem einzigen Studiogast auseinandersetzt? Finden sich genügend interessante Zeitgenossen, denen zuzuhören sich lohnt, weil sie wirklich etwas zu sagen haben? Dass sich all diese Fragen uneingeschränkt mit „Ja" beantworten lassen, das beweist nun schon seit vielen Jahren die Sendung „LEUTE", die montags bis samstags in SWR1-Baden-Württemberg ausgestrahlt wird und an Sonn- und Feiertagen in SWR1-Rheinland-Pfalz.

„LEUTE" ist zu einem Markenzeichen des gesamten SWR geworden und zeigt, dass öffentlich-rechtlicher Anspruch nicht nur ein Lippenbekenntnis ist.
Stetig wachsende Hörerzahlen sprechen dafür, dass es wohl doch nicht nur einen Bedarf nach verwechselbaren „Formatradios" gibt, sondern auch nach Sendern und Sendungen von Format.

Den Erfolg von „SWR1 LEUTE" macht die gelungene Auswahl und Mischung seiner Gäste aus. Politiker, Forscher, Schauspieler, Musiker, Entertainer – und eben nicht nur die bunte Reihe von Promis, die sich in gängigen Fernseh-Talkrunden die Klinke in die Hand geben. Da sind auch manche „No Names", deren besonderes, persönliches Schicksal die Hörer fesseln und deren Beispiel uns ermutigen kann, eigene und neue Wege zu finden.

Kurz – „SWR1 LEUTE" ist eine Sendung mit vielen Gesichtern.
In diesem Buch der „LEUTE"-Macher Wolfgang Heim und Stefan Siller und des hervorragenden Stuttgarter Porträt-Fotografen Frank Paul Kistner sind sie nun endlich auch zu sehen.

Wolfgang Heim

Am Anfang stehen eine Idee und viele Fragen. Zwischendurch gibt es ein Archiv und das Internet. Und am Ende ist eine Sendung vorbei, die spannend und gut war, heiter und amüsant, klar und informativ, anrührend und bewegend. Mal das eine, mal das andere. Mal mehr - und mal weniger.

Am Anfang steht eine Entscheidung mit weitreichenden Folgen. Laden wir einen Gast ein oder laden wir ihn nicht ein? Wenn wir ihn einladen, müssen wir sicher sein, dass wir mit ihm gut über die zwei Stunden kommen. Wenn nicht, brechen wir ein. Das Eis ist dünn, und der Weg ist lang.

Drei Dinge helfen bei der Entscheidungsfindung: Instinkt, Neugierde - und Routine. Diese Kombination verhindert die schlimmsten Katastrophen und ermöglicht ein schmerzfreies Eintauchen in ein fremdes Leben.

Wenn man sich auf einen Gast vorbereitet, macht man sich ein Bild. Recherchiert. Versucht zu verstehen. Versucht zu ergründen. Sucht den Zugang. Sieht Erfolge und

Frank Paul Kistner

„Ich nehme einen kleinen Teil der Persönlichkeit - und verstärke ihn." Dieser Satz stammt von Albert Watson, einem der ganz großen Porträt-Fotografen des 20. Jahrhunderts, und ich habe immer versucht, dieses Ideal in meinen Bildern sichtbar zu machen.
Dabei war der Einstieg in unser Projekt für mich als Fotograf so schwierig, dass ich am Anfang Zweifel hatte, ob es am Ende für ein Buch reicht. Der Rahmen, in dem ich mich bewegen musste, war extrem eng: Da war eine Radio-Sendung, die live ausgestrahlt wurde. Da war das Fernsehen, das die Radio-Sendung aufgezeichnet hat. Da war die Enge des Studios, ohne Bewegungsfreiheit. Da waren sehr harte Lichtverhältnisse, die harte Schatten in den Gesichtern ergaben. Da gab es extrem wenig Zeit, sich einzufinden, Kontakt aufzunehmen, ein paar Worte zu wechseln, Vertrauen zu schaffen.
Bei Biolek hatte ich zum Fotografieren genau eine Minute. Bei Müller-Stahl waren es zweieinhalb. Fotografiert habe ich meistens während der Musikpausen. Entscheidend für mich waren die Fotos von Pierre Brice. Ich hatte das Gefühl, dass es mir bei dieser Begegnung gelungen war, diesem markanten und männlichen Gesicht ein authen-

Stefan Siller

„In »LEUTE« zeigt mancher sein wahres Gesicht" hieß einmal ein Werbeslogan für unsere Sendung. Zugegeben, es war eine freche Kampagne, besonders wenn man auch noch das Schwein dazu auf den Plakaten gesehen hat. Aber ohne den überspitzten, ironischen Unterton trifft der Satz natürlich genau die Absicht, die wir mit der Sendung verfolgen. Wir möchten, dass sich unsere Gäste so darstellen, wie sie sind, authentisch.

Inzwischen zeigen sie nicht mehr nur im übertragenen Sinne ihr Gesicht. Seit nämlich das Südwestfernsehen unsere Radiogespräche aufzeichnet und als „LEUTE Night" im Nachtprogramm sendet. Ich gebe zu, anfänglich war ich skeptisch. Ich hatte Angst, unsere entspannte Studioatmosphäre könnte leiden und damit die Qualität der Sendung, durch die Kameras, mehr Licht, mehr Beteiligte, mehr Ablenkung. Erfreulicherweise war meine Furcht unbegründet, und wir alle freuen uns über die zusätzliche Verbreitung.

Niederlagen. Ahnt Brüche. Und wenn man sich dann zum ersten Mal sieht, geht alles seinen Gang: Maske, Kameraeinstellung, Mikrofonprobe. Tee, Kaffee oder Mineralwasser. Kontakt bekommen, Atmosphäre herstellen. Wenn es irgendwie geht, rede ich mit meinem Gast vor der Sendung und in den Musikpausen nicht über die Dinge, nach denen ich später fragen möchte. Die Spontaneität ginge flöten, und ich müsste so tun, als ob.

Am Anfang war „LEUTE" eine Radiosendung. Dann kam vor drei Jahren das Fernsehen dazu. Und vor einem Jahr Frank Kistner. Es wurde eine wunderbare Zusammenarbeit. Aus einer Idee wurde ein Buch. Aus einem flüchtigen Augenblick ein ewiger Moment. Und aus Gesichtern wurden Charakterköpfe.

Frank hatte den schwierigsten Job von uns allen. Er kam in eine laufende Sendung. Er hatte keine Zeit. Er musste in wenigen Minuten Vertrauen schaffen und gute Fotos machen. Es gab keine zweite Chance.
Umso beeindruckender das Ergebnis. Umso besser die Bilder.

tisches Profil zu geben. Und in einem ganz kurzen Moment Spannung und Konzentration aufzubauen und Intensität und Intimität zu erzielen.
Maximales Ergebnis in minimaler Zeit – das musste nach Pierre Brice das Ziel sein.
Ich habe gelernt, dass die vermeintlich idealen Arbeitsbedingungen im Foto-Studio auch eine Gefahr darstellen können. Man hat alle Möglichkeiten der Gestaltung mit Licht, Raum und Zeit. Auch, sich darin zu verlieren. Im SWR1 „LEUTE"-Studio aber gab es keine Experimente – und damit auch keine Chance, sich zu verlieren.
Dafür bekam ich die Chance, der „LEUTE"-Sendung ein ganz neues und ganz eigenes Bild zu geben. Dafür möchte ich mich bedanken. Bei Günter Braus und Martin Wachter, die den Mut hatten, dieses Buch zu machen. Bei ganz vielen Kollegen und Freunden im SWR. Und bei Wolfgang Heim und Stefan Siller, die ich so lange und so oft nerven durfte.
„Ich bin auf der Suche nach dem machtvollsten, magischen Augenblick" – sagt Albert Watson. Wenn der Betrachter und Leser einen solchen Moment in diesem Buch findet, bin ich glücklich.

Nun kommt im „LEUTE"-Buch ein weiteres Medium hinzu, mit einer neuen, anderen Visualisierung. Die wunderbaren Portraits haben ihre eigene Qualität, können für sich stehen. Vor allem aber ergänzen sie den Eindruck, den der Gast im Gespräch hinterlässt, wie die prägnanten Zitate, Interviewausschnitte und persönlichen Eindrücke belegen, auf die wir die jeweilige Sendung reduziert haben. Es spricht für das Einfühlungsvermögen von Frank Paul Kistner, diese entscheidenden Charakterzüge sichtbar gemacht zu haben. Denn er hatte noch weniger Zeit als der Moderator, den Gast kennen zu lernen und seine Emotionen zu erspüren.

Hat eine Live-Sendung ihren besonderen Reiz in der Konzentration auf den Moment, in der Unmöglichkeit der Wiederholung oder Reparatur, so liegt der Vorteil des Buches in seiner ständigen handfesten Verfügbarkeit. Beides zu nutzen, bietet den größten Genuss.

Barbara Auer

Barbara Auer, Schauspielerin. Geb. 1959 in Konstanz. Wächst in katholisch geprägtem Elternhaus auf, gilt als „Mauerblümchen". Überrascht alle mit dem Wunsch, Schauspielerin zu werden. Studium an der Hochschule für Musik und Darstellende Kunst in Hamburg. Theaterdebüt 1981 am Staatstheater Mainz. Alexander Kluge entdeckt sie fürs Kino. Brilliert in Filmen wie „Nikolaikirche", „Solo für Klarinette" und „Schiller". Auszeichnung mit Goldener Kamera, Filmband in Gold und Telestar. Wird mit 43 nochmal Mutter.

In ihrer Gegenwart dachte ich sofort: Du bringst mindestens drei Kilo zuviel auf die Waage und brauchst dringend eine Antifaltencreme. Doch Barbara Auer lässt einen solche Gedanken sofort vergessen. Sie ist nicht nur schön, sondern auch durchweg sympathisch. Man kann mit ihr plaudern wie mit der „Nachbarin von nebenan": Über Kinder, Gartenarbeit und die Last des täglichen Kochens. „Deutschlands zickigste Schauspielerin" hat die Bild-Zeitung mal über sie geschrieben. Sie ist das Gegenteil: Schüchtern, zuvorkommend, ehrlich in ihren Antworten – ein Star ohne Star-Allüren.

Katja Heijnen

Sie gelten als eine der wählerischsten deutschen Schauspielerinnen, was die Drehbücher angeht. Was stört Sie denn an den Drehbüchern, die Sie zugeschickt kriegen?

Es gibt so viele Drehbücher, bei denen man denkt, das kennt man alles schon. Ohnehin gibt es nur wenige Drehbücher mit Rollen für Frauen über 40. Allerdings sind diese Rollen dann oft spannender, weil ältere Figuren oft „brüchiger" und nicht so eindimensional sind.

Was muss eine Rolle mit sich bringen, damit Sie sagen: die will ich spielen?

In erster Linie muss ich das Gefühl haben, ich erfahre durch das Hineinschlüpfen in eine Figur etwas Neues über mich.

Was haben Sie durch die Rolle der pockennarbigen Caroline Wiethoeft im Film „Schiller" über sich erfahren?

Ich wehre mich ja dagegen, auf mein Äußeres reduziert zu werden. Dennoch hat es mich gereizt zu erfahren: Wie ist es, wenn plötzlich alle Schönheit auf einen Schlag verschwindet, man aber wie Caroline Wiethoeft einen Beruf hat, in dem Schönheit eine Rolle spielt. Es hat mich gereizt, meinen Ängsten auf die Spur zu kommen.

»Schönheit – dieser Begriff wurde mir immer wie ein Etikett angeheftet. Er hat nichts mit meinem Lebensgefühl, mit meinen Sehnsüchten, mit mir als Person zu tun. Schönheit bedeutet mir nichts.«

»Manchmal hätte ich gerne eine Tarnkappe, um nicht gesehen zu werden und um Dinge mitzukriegen, die man nicht mitkriegen soll. Ich würde zum Beispiel gerne mal hinter die Fassade von Machtmenschen schauen.«

»Ich sollte mal auf die Titelseite einer renommierten Fernsehzeitschrift. Das habe ich aber abgelehnt. Ich wollte nicht auf einem Couchtisch rumliegen, und die Leute stellen ihr Bier auf meinem Gesicht ab oder legen ihre Füße drauf.«

»Ich gehöre zu einer Generation, die beides will: Beruf und Kind. Gleichzeitig wurde uns aber immer suggeriert, wir seien jung und hätten noch viel Zeit. Aber es ist natürlich ein Trugschluss, dass es ewig geht, Kinder zu haben.«

Dieter Baumann

Dieter Baumann, Läufer. Geb. 1965 in Blaustein. Spielt lange Fußball und entscheidet sich mit 16 Jahren fürs Laufen. Wird der erfolgreichste deutsche Mittelstreckenläufer seiner Zeit. Gewinnt bei den Olympischen Spielen 1992 in Barcelona die Goldmedaille über 5000 Meter in 13:13 Minuten. Kämpft offensiv wie kein anderer Athlet für einen sauberen Sport – und wird 1999 positiv getestet. Beteuert bis heute seine Unschuld. Kommt nach Sperre und vielen juristischen Auseinandersetzungen noch einmal zurück. Beendet 2003 seine Karriere.

Wir kennen uns seit mehr als 10 Jahren. Wir haben viele Sendungen zusammen gemacht. Ich denke, wir mögen uns. Als ich damals hörte, er hätte gedopt, dachte ich, ich sei im falschen Film. Irgendwann musste ich mich entscheiden. Ihm zu glauben. Oder ihm nicht zu glauben. Ich glaube ihm. Aus zwei Gründen. Er müsste schizoid sein, wenn er Täter wäre. Und er müsste bescheuert sein. Damit Nandrolon in der Zahnpasta leistungssteigernd wirkt, muss man zehn oder zwanzig Tuben essen. Absurd. Das wäre so, als würde man sich volltrunken in ein Spielzeugauto setzen – in der Hoffnung, dass einem die Polizei endlich den Führerschein abnimmt.

Wolfgang Heim

Welche Erinnerungen haben Sie an den Olympiasieg 1992 in Barcelona?

Ich hab bestimmte Bilder nach wie vor präsent.

Hauptkonkurrenten waren?

Ich hab mich eigentlich nur auf einen konzentriert. Das war Yobes Ondieki, der war ein Jahr zuvor Weltmeister. Ich hab mir vorgenommen, egal, was dieser Mann macht, ich gehe mit.

Wie war Ihre körperliche Verfassung?

Ich hatte einen tollen Vorlauf und wollte das Finale gewinnen. Ich wusste, ich habe die Form. Der Druck ist groß. Die Nervosität ist groß.

200 Meter vor dem Ziel waren Sie eingekesselt. Was ging Ihnen da durch den Kopf?

In dem Moment hat's mir gestunken. Ich hab gewartet, bis der erste spurtet. Und dann ging die Lücke auf. Und 120 Meter vor Schluss wusste ich: Das Ding gewinne ich.

»Laufen ist meine große Leidenschaft geblieben. Wenn es irgendwie geht, laufe ich jeden Tag.«

»Ich glaube nicht, dass ich nach der Karriere in ein tiefes Loch gefallen bin. Vielleicht in ein paar kleine Dellen.«

»Nachts um zehn hab ich mir die Schuhe angezogen. Beleuchtete Runde mitten durch Tübingen. Kein Mensch unterwegs. Tolle Winterstimmung. Wahnsinn.«

»Ich laufe nach wie vor schnell. Ich verzichte nicht auf Tempoläufe. Tempoläufe sind das Salz in der Suppe.«

»Am Ende meiner Karriere hab ich Probleme gehabt mit der Achillessehne. Heute, mit nur noch 60 Kilometern in der Woche, fühle ich mich wunderbar.«

Kurt Biedenkopf

Prof. Kurt Biedenkopf, Politiker und Universitätspräsident. Geb. 1930 in Ludwigshafen. Hat mit seiner Meinung nie hinter dem Berg gehalten und sich damit sogar in der eigenen Partei nicht nur Freunde gemacht. War Generalsekretär der CDU und zum Schluss Ministerpräsident des Freistaates Sachsen. Trat nach Vorwürfen, sich privat bereichert zu haben, zurück und ist nun Gründungspräsident der privaten Dresden International University.

Was ist dran an dem Witz über den Unterschied zwischen dem Lieben Gott und Kurt Biedenkopf: „Gott weiß alles – Biedenkopf weiß alles besser"?
Ich habe den Professor immer für einen klugen Kopf gehalten, und das ist er zweifellos nach wie vor. Ich erlebe ihn aber auch als einen Mann, der von sich selbst sehr überzeugt ist. Er bekleidet kein politisches Amt mehr, möchte aber weiter um Rat gefragt werden. Der Abschied von der Macht fällt ihm schwer. Deshalb kann ich verstehen, dass es den Witz gibt. Aber ich halte ihn für übertrieben. Stefan Siller

Warum halten Sie „Hartz IV" für richtig?

Es wird die Einstellung der Menschen zur Solidarität verändern. Wenn man die Solidarität der Mehrheit der Bevölkerung in Anspruch nimmt, hat man auch eine Gegenverpflichtung, nämlich das zu tun, was man in seinen Kräften hat.

Viele Menschen sind aber dagegen auf die Straße gegangen.

Weil sie eben nicht wussten, worum es geht. Bei der Arbeitslosenhilfe hatten die Menschen den Eindruck, das haben wir verdient, denn dafür haben wir Beiträge gezahlt, aber sie wussten nicht, dass die aus der Steuer bezahlt wird. Und bei der Arbeitslosenhilfe hat man nicht nach der Bedürftigkeit gefragt. Wir in Sachsen haben dem Bundeskanzler schon 1998 gesagt, wir müssen beides zusammenlegen.

Macht Ihr Nachfolger als Ministerpräsident, Georg Milbradt, den Sie mal einen „miserablen Politiker" genannt haben, seine Sache gut?

Diese Dinge sind für mich erledigt. Ich habe auch nicht die Absicht, das wieder aufzuwärmen.

»Wir predigen immer noch Wachstum, Wachstum, damit wir mehr Arbeit haben – das ist dummes Zeug!«

»Wir haben an der Universität mal gesagt, unter 100 Leuten sind drei Verrückte. Im sächsischen Landtag sind 124 Leute.«

»1979 habe ich mir das Rauchen abgewöhnt, weil ich mir das vorgenommen habe.«

»Ab und zu habe ich noch Zeit für sechs Kinder, fünf Schwiegerkinder und zehn Enkel.«

Alfred Biolek

Dr. Alfred Biolek, TV-Legende. Geb. 1934 in Freistadt/Tschechien. Promovierter Jurist. Macht beim WDR Fernseh-Karriere. Erfindet Formate wie „Bio's Bahnhof", „Mensch Meier" und „Boulevard Bio". Wird einer der beliebtesten Talkmaster im Deutschen Fernsehen. Nimmt 2003 seinen Abschied. Ist aber immer noch regelmäßig mit seiner Kochsendung „Alfredissimo" zu sehen. Wird 2000 zum UN-Botschafter für Weltbevölkerung ernannt.

Als er kam, war er schlechter Laune. Es war an einem Sonntagmittag. Es war eine Aufzeichnung. Und irgendwas war schief gelaufen bei den Absprachen zwischen uns, seinem Management und einem örtlichen Veranstalter. Eigentlich wollte er wieder gehen. Und es gab einen winzigen Moment, eine Sekunde vielleicht oder zwei, in der sich alles entschieden hat. Er blieb. Vielleicht, weil alle außerordentlich nett zu ihm waren. Vielleicht, weil der Tontechniker ihm einen Wein aus dem Remstal schenkte. Vielleicht, weil er ein Profi ist. Der Hörer hat nichts gemerkt. Wolfgang Heim

Würden Sie Zlatko und Monika Lewinsky wieder einladen?

Ich würde beide wieder einladen. Aber das Pendant zu Monika Lewinsky muss der Dalai Lama sein, und das Pendant zu Zlatko Günter Grass oder Walter Jens.

Was haben Zlatko und Monika Lewinsky geleistet?

Es geht nicht um Leistung. Es geht darum, dass jemand ohne Leistung einen so hohen Aufmerksamkeitsgrad bekommt.

Wie Verona Feldbusch?

Eine hochinteressante Person. Wieso kennt die jeder? Obwohl sie nichts gemacht hat, gar nichts.

»Ich käme nie auf die Idee, mich abends vor den Fernseher zu setzen. Ins Theater gehen, mich mit Freunden treffen, das alles finde ich viel interessanter.«

»Kritiken lese ich schon Jahre nicht mehr. Es war mir einfach zu dumm. Mit jedem Satz hat man gemerkt, die haben keine Ahnung von unserem Metier. Wie meine Marktfrau. Warum soll ich mich damit auseinandersetzen?«

»In einem Witzigmann-Rezept stand: „Zwei Eier à 17 Gramm". Da hab ich gesagt: „Ecki, das kannst Du nicht machen. Keine Hausfrau wiegt ein Ei. Du musst sagen: Zwei mittelgroße Eier oder zwei große!"«

»„Wetten dass" ist fast schon wie eine alte Kommode, die man von der Großmutter geerbt hat. Und wenn man sich neu einrichtet mit schönen italienischen Stilmöbeln, dann schmeißt man alles raus - bis auf diese eine Kommode.«

»„Alfredissimo" macht nicht nur Spaß. Eine Kochsendung verbraucht sich auch nicht so wie „Boulevard Bio" oder „Bio's Bahnhof".«

Vera Bohle

Vera Bohle, Minenräumerin.
Geb. 1969 in Recklinghausen.
Arbeitete nach dem Studium als Redakteurin und Cutterin für das Fernsehen. Entschloss sich mit 29 Jahren, nicht nur über Menschen zu berichten, sondern ihnen zu helfen. Ließ sich in der Dresdener Sprengschule ausbilden. War auf dem Balkan, in Afghanistan, Laos, Kambodscha, Vietnam, Simbabwe und Angola. Arbeitet für das Genfer Zentrum für humanitäre Minenräumung, Hilfsorganisationen und im Auftrag der UNO oder des Auswärtigen Amtes. Erhielt 2002 das Bundesverdienstkreuz.

Warum ergreift eine junge Frau einen lebensgefährlichen Beruf?
Sie ist groß, blond, blauäugig und Deutschlands einzige Minenräumerin. Sie ist dauernd unterwegs, entweder auf Auslandseinsatz oder mit Vorträgen oder Lesungen aus ihrem Buch. Sie spricht ebenso engagiert wie ruhig über die Gefahren ihrer Arbeit und die perversen Ideen der Minenhersteller. Sie klagt nicht, sie handelt. Paul McCartney, der sich mit seiner Frau Heather gegen Landminen engagiert, verlieh Vera Bohle einen Preis und nannte sie ein „wahres Vorbild". Recht hat er.

Stefan Siller

Haben Sie schon mal gedacht: Ich komme hier nicht mehr lebend raus?

Ja, vor allem in Spin Boldak in Afghanistan. Inmitten tausender Flüchtlinge mussten wir Raketen entschärfen, darunter auch Brandmunition. Es war sehr heiß, und drumrum standen lauter Neugierige, die Zigaretten rauchten ...

Einige Ihrer Kollegen sind bei der Arbeit getötet oder verletzt worden. Ist das ein unvermeidliches Berufsrisiko?

Alle halten sich an die Sicherheitsregeln. Aber es gibt auch einen Bereich, den man Glück oder Schicksal nennen kann. Es gab Unfälle, da weiß ich genau: Wäre ich zu der Zeit an diesem Ort gewesen, wäre mir der Unfall passiert.

Verzweifeln Sie manchmal, weil schon wieder zwei neue Minen gelegt worden sind, wenn Sie eine entschärft haben?

Global gesehen kann man schon verzweifeln, aber ich habe immer versucht, mich auf die kleinen Erfolge zu konzentrieren. Wenn ein Bauer im Kosovo sein Feld wieder bestellen kann, interessiert ihn erst mal nicht, ob in Kambodscha noch zwei Millionen Minen liegen.

»Ich habe kein Verständnis für Länder, die Minen nicht ächten, denn Minen sind eine heimtückische Waffe, die nach einem Krieg Zivilisten, vor allem Kinder, tötet.«

»Routine ist in meinem Beruf tödlich.«

»Mitten in einem Minenfeld im Kosovo guckte ich mit einem Mal in das Gesicht einer Kuh, und wenn die einen Schritt zur Seite auf eine Fahrzeugmine gemacht hätte, wäre nichts mehr übrig geblieben.«

»Die wirklich kranke Logik hinter Anti-Personen-Minen ist, dass sie Menschen nicht töten, sondern verletzen sollen, weil ein verletzter Soldat seine Kameraden mehr bindet, weil er geborgen werden muss.«

Rolf Bossi

Rolf Bossi, Strafverteidiger. Geb. 1923 in Karlsruhe. Erwarb sich durch viele spektakuläre Prozesse den Ruf eines „Staranwaltes". Verteidigte Prominente wie Romy Schneider ebenso wie Mörder und Geiselnehmer. Verhalf Triebtätern wie Jürgen Bartsch oder Fritz Honka wegen verminderter Schuldfähigkeit zu milden Urteilen. Beklagt mangelnde Entnazifizierung in der deutschen Justiz.

Ist der Anwalt wichtiger als der Mandant?
Mit über 80 ist er noch beeindruckend fit. Angenehm als Gesprächspartner, weil er beeindruckende Prozesse geführt hat und deutliche Worte findet. Schwierig als Gesprächspartner, weil er sehr undiszipliniert ist und lange Plädoyers hält, statt präzise Antworten zu geben. Weder durch gutes Zureden noch durch verzweifelte Handbewegungen ist er zu stoppen. Bossi hält sich beruflich für fehlerfrei. Das strahlt er auch aus und wirkt damit arrogant. Stefan Siller

Der Vater der dreijährigen Karolina ist wegen Körperverletzung mit Todesfolge verurteilt worden, nachdem er sie tagelang so misshandelt hat, dass sie kaum noch zu erkennen war. Ist das kein Mord?

Da müsste man die Details kennen, aber da sehe ich schon von der Grausamkeit her mordqualifizierende Merkmale für gegeben.

Wenn ich mir vornehme, einen Menschen umzubringen, mir eine Pistole kaufe und den dann erschieße – ist das unter Umständen auch kein Mord?

Der Unterschied zwischen Mord und Totschlag hängt von den Umständen der Tat und den Motiven ab. Sind es niedere Beweggründe, ist es eine gemeine verwerfliche Lebenseinstellung, sind das Motive für Mord. Töte ich heimtückisch von hinten, dann spricht die Tatausführung für Mord.

Heißt das, man kann edler und weniger edel töten?

Es gibt mehrere Formen der edlen oder weniger edlen Art, wie ich einen Menschen zu Tode bringe.

»Richter sind Menschen mit allen Unzulänglichkeiten bis hin zur Erbärmlichkeit.«

»Ein Täter mit Triebanomalie ist nicht therapierbar und wird, so lange er lebt, töten müssen.«

»Wenn eine Justiz fähig ist, bei gleichem Sachverhalt einmal ein Urteil mit Berufung zu fällen und einmal lebenslang mit besonders schwerer Schuld, dann muss der eine verrückt sein oder der andere kriminell.«

»In Strafprozessen kann ein Richter nach Willkür und Zweckorientierung entscheiden. Das ist unerträglich.«

»Der Großteil aller deutschen Richter kämpft wirklich um Wahrheit und Gerechtigkeit.«

Michel Bovay

Michel Bovay, Zen-Meister. Geb. 1944 in Monthey/Schweiz. Wird in den 60er Jahren Rockmusiker und arbeitet zehn Jahre lang als Komponist, Sänger, Bassist und Schallplattenproduzent. Spielt mit seiner Band „The Sevens" im Vorprogramm von Procul Harum und den Rolling Stones. Trifft 1971 den Zen-Meister Taisen Deshimaru und geht mit ihm nach Paris. Während der nächsten zehn Jahre ist er dessen Schüler und Sekretär. Und nach dessen Tod wird er sein Nachfolger. Michel Bovay leitet heute das Zen-Dojo-Zentrum in Zürich.

Er kommt aus Zürich, aber er kommt aus einer anderen Welt. Aus einer Welt der Stille, der Meditation. Aus einer Welt, in der sich alles in nichts verwandelt hat. Und bei uns begegnet er einer Welt, in der es laut ist und hektisch. In der Kameras und Mikrofone und schnell getaktete Einheiten das Maß aller Dinge sind. Und in der die Musik gespielt wird, die er früher selbst gemacht hat.
Man spürt die Distanz und die Fremdheit. Aber auch sowas wie Sentimentalität. Und eine freundlich-milde Geduld gegenüber einem Moderator, der ihn mit mehr oder weniger schrägen Fragen zuballert. Wolfgang Heim

In welcher Haltung soll ich meditieren?

In der Lotus-Haltung. Die Beine gekreuzt. Dadurch hat man eine starke Stabilität.

Was mache ich mit meinen Händen?

Die linke Hand ist auf der rechten. Und die Daumen berühren sich leicht.

Sehr ruhige Atmosphäre?

Es ist sehr still.

Wie schaffe ich es, dass in meinem Kopf etwas passiert?

Das passiert von ganz alleine. Die Gedanken ziehen vorbei, und so entsteht eine Befreiung. Eine Ent-Programmierung.

Geht der Puls runter?

Ja. Die Herzschläge werden ruhiger und stärker. Die Atmung wird sehr ruhig. Der Mittelpunkt ist nicht mehr der Kopf, sondern etwas unterhalb des Nabels.

Mit welchen Folgen?

Man wird ruhiger, gelassener und klarer im Kopf. Und heiterer.

»Man konzentriert sich auf Haltung und Atmung. Und man lässt die Gedanken vorbeiziehen.«

»Man hört auf, als Mensch zu handeln. Man wird durch die kosmische Welt gelebt.«

»Viele Menschen ertragen die Stille während einer Meditation nicht. Dabei ist es sehr wichtig, zur Stille zurückzufinden.«

»Zen ist für Erwachsene. Man sagt nicht: Das darfst Du, und das darfst Du nicht. Jeder muss selbst wissen, was er macht.«

»Karma ist das Resultat unserer Handlungen. Und das macht unser Leben aus.«

Manni Breuckmann

Manni Breuckmann, Fußball-Reporter. Geb. 1951 in Datteln bei Dortmund. Studiert Jura und arbeitet drei Jahre als Verwaltungsjurist beim Bundespresseamt. Lehnt eine Richterstelle ab, um nicht auf seine Nebentätigkeit als Sportreporter verzichten zu müssen. Geht 1982 zum Westdeutschen Rundfunk. Ist im Landesstudio Düsseldorf für die Landespolitik in NRW zuständig. Macht sich vor allem als Fußball-Reporter im Radio einen Namen. Reportiert Bundesliga, Champions-League, Welt- und Europameisterschaften. Lebt seit 30 Jahren in Düsseldorf. Benennt als seine vier liebsten Freizeit-Beschäftigungen: Kneipe, Kino, Fete, Rockkonzert.

Schalke und Dortmund. Bochum und Köln. Sein Revier. Vielleicht seine Heimat. In jedem Fall sein Arbeitsplatz. Im Fußball-Stadion. Ausgestattet mit Kopfhörer und Mikrofon. Und vor allem mit Fantasie, Stimme und Leidenschaft. Manni ist Kult, sagen viele. Er weiß es. Kokettiert damit, indem er es ironisiert. Haut die starken Sprüche raus und wirkt sensibel, manchmal melancholisch. Rauhe Schale, weicher Kern. Der alte Spruch. Ein Kneipen-Abend mit ihm könnte lang werden, richtig lang.

Wolfgang Heim

Wie viele Einblendungen haben Sie pro Bundesliga-Spieltag?

18 bis 20. Leider werden die Einblendungen immer kürzer. Wir haben jetzt viele 45-Sekunden-Einblendungen. Bei zehn Sekunden hör ich auf. Und wenn ich bei der Erwähnung der Eckfahne einen Firmennamen sagen muss.

Wie bereiten Sie sich vor?

Ich lese das Zentralorgan des Deutschen Fußballs, den „Kicker". Und wir kriegen ein 50-seitiges Compendium zur Verfügung gestellt vor jedem Bundesliga-Spiel. Da vergisst man schnell, dass die Wahrheit wo liegt?

Auf dem Platz.

Genau.

Wie schafft man es, bei einem Fußballspiel auf Ballhöhe zu bleiben?

Schwierig. Man kann es schaffen. Aber es heißt: Üben, üben, üben.

Würde es Sie reizen, Fußball im Fernsehen zu reportieren?

Ich hab's mal ausprobiert. Ich sollte eine Konserve anfertigen. Aber ich glaube, ich bin mehr für die frischen Produkte zuständig.

»Ein guter Fußball-Reporter muss Adleraugen haben. Und er muss Stimmung transportieren. Das ist im Hörfunk viel wichtiger als im Fernsehen.«

»Ich war Messdiener in der katholischen St.-Amandus-Gemeinde in Datteln. Und ich kann auch das Stufengebet auf lateinisch.«

»Der Begriff „Produkt" macht mich rattig. Ich berichte über ein Fußball-Spiel. Ich berichte nicht über irgendein Produkt. Und ich sag, wie es ist.«

»Kommt schon mal vor, dass ich mich aufrege. Über Ungerechtigkeit. Und über die Kombination aus Dummheit und herrischem Auftreten.«

Pierre Brice

Pierre Brice, Schauspieler. Geb. 1929 in Brest/Bretagne. Sein Vater ist in der Resistance und kämpft gegen die deutschen Besatzer. In den 50er Jahren meldet sich Pierre Brice freiwillig zur Marine und geht nach Nordafrika und Indochina. Nach seiner Rückkehr arbeitet er als Fotomodell und Tänzer. Er bekommt eine kleine Nebenrolle in einem Eddie-Constantine-Film und schafft als Winnetou den Durchbruch. Er dreht in den 60er und frühen 70er Jahren elf Karl-May-Filme. In den 80er Jahren führt er bei den Karl-May-Festspielen in Bad Segeberg Regie. Der Stamm der Winnebago-Indianer ernennt ihn zum Ehrenmitglied.

Als er kam, dachte ich, ein Mann mit Mitte 70 sieht anders aus. Muss anders aussehen. Und wenn es mir selbst nur ansatzweise gelingt, das auch so hinzukriegen, dann werde ich als glücklicher Mensch alt. Wie hab ich ihn erlebt? Als sehr freundlichen, sehr höflichen Menschen. Etwas unsicher am Anfang, obwohl er gut deutsch spricht. Als geduldigen Mann, der ein Autogramm nach dem anderen schreibt und Kollegen zusätzliche Interviews gibt. Und als jemanden, der Wert auf Stil und Respekt legt. Wolfgang Heim

Warum waren die Karl-May-Filme so erfolgreich?

Die Deutschen lieben Karl May, und Winnetou war ein positiver Held.

Wofür stand der?

Für Toleranz und Freiheit. Für Frieden. Und für Respekt. Das fehlt heute.

War Winnetou auch deshalb so erfolgreich, weil es diese Freundschaft mit Old Shatterhand gab?

Ja. Und es gab die Freundschaft zwischen mir und Lex Barker. Wir waren sehr eng befreundet. Leider ist er sehr früh gestorben. Mit 54 Jahren.

Wie und wo?

Er hat in New York auf der Straße einen Herzinfarkt bekommen.

»Es war immer schön. Mit Winnetou habe ich Erfolg gehabt. Was will ein Schauspieler mehr?«

»Ich bin mit einer deutschen Frau verheiratet. Wir wohnen in Frankreich. Wenn ich anfange, deutsch mit meiner Frau zu sprechen, antwortet sie auf französisch.«

»Ich selbst habe die Gestapo nie erlebt. Aber mein Onkel und mein Cousin sind verschwunden. Seit ein paar Monaten weiß ich, dass beide in Auschwitz gestorben sind.«

»Vietnam war furchtbar. Man musste töten, um nicht getötet zu werden. Ich habe heute noch Albträume.«

»Ich habe den 2. Weltkrieg erlebt und hätte nie gedacht, dass so eine Freundschaft zwischen Deutschland und Frankreich entstehen kann.«

Eva Bude

Eva Bude, Modedesignerin und (Ex)-Punkerin.
Geb. 1962 in Mannheim. Flieht nach dem Abitur aus Hockenheim nach Berlin und landet in der Hausbesetzer-Szene. Lebt insgesamt fast fünf Jahre in besetzten Häusern und ist zeitweilig obdachlos. Macht später eine Ausbildung zur Modedesignerin. Ist verheiratet und lebt mit ihrem Mann, einem ehemaligen Punk, in Berlin.

Manchmal macht es Sinn, sich vor der Sendung mit einem Gast zu treffen. Vor allem, wenn er oder sie keine wirkliche Medien-Erfahrung hat und nicht weiß, was auf ihn/sie zukommt. Also waren wir am Abend vor der Sendung zusammen ein Bier trinken. Ich hab versucht, ihr ein bisschen die Anspannung zu nehmen. Und sie hat versucht, mir klarzumachen, dass sich hinter einem martialischen Punk-Outfit keine Hardcore-Zicke verbergen muss. Beide waren wir erfolgreich. Wolfgang Heim

Hatten Sie eine Ratte?

Ich hatte insgesamt 15.

15?

Die erste war fett und hässlich. Die hab ich ihrem ursprünglichen Besitzer wieder zurückgegeben. Dann hatte ich eine braune, die habe ich über alles geliebt. Und die bekam eines Tages nach einem Kaffeeklatsch mit einer Freundin, die eine männliche Ratte dabei hatte, 13 Kinder.

Süße Kinder?

Zum Knuddeln.

Waren die Ratten Protest oder Tierliebe?

Beides. Punks haben sich schon immer gern mit anderen sozialen Wesen zusammengetan. Also mit Ratten und mit Hunden.

»Die Besetzer-Szene war zum Teil ganz schön kalt. Entweder man wurde ignoriert oder ideologisch zugeschwallt, bis es einem zu den Ohren rausgekommen ist. Man kam sich vor wie ein popeliger kleiner Provinzdepp.«

»The Cure waren verdammt wichtig. Bisschen gruftig und depressiv. Die Sex Pistols waren schon nicht mehr angesagt. Dafür die Dead Kennedys. Die sind nach wie vor eine meiner Lieblings-Bands.«

»Ich hatte als Arbeitstitel für das Buch: „Du hast keine Grenzen". Aber das war dem Verlag zu lyrisch und zu poetisch. Die meinten, ein Punk-Buch bräuchte einen knackigeren Titel. Also: „Verpisst Euch!"«

»Karriere gemacht haben einige aus der Hausbesetzer-Szene. Zwei sind Architekten. Eine ist Sozialarbeiterin. Und mein Mann ist Fotograf und Software-Entwickler.«

Carl-Hubertus von Butler

Carl-Hubertus von Butler, Bundeswehr-General und KSK-Kommandeur. Geb. 1950 in Coburg. Kommt aus einer alten Offiziersfamilie. Wird ein erfolgreicher Military-Reiter. Ist verheiratet und hat drei Kinder. Seit 1971 bei der Bundeswehr. Wird im ersten Halbjahr 2002 Kommandeur des deutschen und des internationalen Kontingents in Afghanistan. Bekommt dafür viel Lob und Anerkennung. Wird 2003 Kommandeur des „Kommando Spezialkräfte" (KSK) in Calw. Das KSK ist die Elite-Einheit der Bundeswehr.

Der General kam nicht alleine. Der General kam mit ein paar seiner Jungs. Die Jungs passten auf ihn auf. Damit nichts passiert. Und damit keiner auf dumme Gedanken kommt. Eine Art Übung sozusagen, denn wer kommt schon in einem öffentlich-rechtlichen Funkhaus auf dumme Gedanken.
Der General war stolz auf seine Jungs. Und meisterte selbst zwei Stunden lang den Drahtseilakt, das eine zu erzählen und das andere zu verschweigen.

Wolfgang Heim

Wieviele Einsätze hatten Sie im letzten Jahr?

Kann ich nicht drüber reden.

Einstelliger, zweistelliger Bereich?

Beides möglich.

Aber Ihre Antwort lässt den Rückschluss zu, dass es Einsätze gegeben hat?

Kann man nicht ausschließen.

Wie nah waren Ihre Männer an Osama bin Laden dran?

Selbst wenn ich es wüsste, würde ich es nicht sagen.

»Wir sind das Kommando, das am schnellsten einsatzbereit ist. Wenn ich jetzt einen Einsatzbefehl bekomme, dann sitzen meine Männer innerhalb weniger Stunden im Flugzeug.«

»Mit Rambos, Egoisten und Wirrköpfen können wir nichts anfangen. Wir haben Psychologen im Kommando, die auf entsprechende Tests spezialisiert sind. Da hat keiner von denen eine Chance.«

»Wir prüfen jeden auf Herz und Nieren. Denn er muss die richtige Entscheidung im richtigen Moment unter höchstem Druck fällen können.«

»Wir arbeiten mit Vierer-Teams. Und die müssen eine verschworene Gemeinschaft sein. Die müssen sich so gut kennen wie den eigenen Partner. Denn sie müssen unter schwierigsten Bedingungen zusammenstehen.«

Mathieu Carrière

Mathieu Carrière, Schauspieler. Geb. 1950 in Hannover. Der Familienname geht auf die Zeit der Hugenotten zurück. Wird mit 13 Jahren für den Film entdeckt. Bekommt mit 15 in einem Schlöndorff-Film die erste Hauptrolle. Geht nach dem Abitur nach Frankreich. Dreht in Frankreich und Italien und wird einer der wenigen deutschen Schauspieler, die international Erfolg haben. Hat allein in Deutschland 100 Filme und 800 Stunden Fernsehen gemacht. Kämpft als Vater von zwei Töchtern dafür, dass von Trennung und Scheidung betroffene Männer mehr Rechte bekommen.

Ich wusste, dass Mathieu Carrière bei Kollegen und bei Journalisten einen zweifelhaften Ruf hat. Exzentrisch sei er, unberechenbar, Angst einflößend, eigentlich sowas wie ein zweiter Kinski. Ich habe ihn vollkommen anders erlebt. Als intelligenten, witzigen, sehr emotionalen Gesprächspartner. Spontan und direkt. Nicht schwierig und nicht gespreizt. Mit dem man sich auch ohne Mikro und Rotlicht wunderbar unterhalten konnte: Über das Leben. Über Kinder. Und über Frauen. Wolfgang Heim

Stimmt es, dass Sie zum Ritter der französischen Ehrenlegion geschlagen wurden?

Stimmt. Vor zwei Jahren.

Wie kam das zustande?

Der französische Staatspräsident muss einen entsprechenden Vorschlag bekommen haben. Ich war sehr stolz.

Wofür haben sie die Auszeichnung bekommen?

Der Botschafter sagt: Wegen meines Mutes und meines Eintretens für Minderheiten.

Welcher Deutsche hat vor Ihnen diese Auszeichnung bekommen?

Goethe.

»Nichts funktioniert zwischen Männern und Frauen. Die Natur hat es auch so eingerichtet. Um überhaupt Körpersäfte austauschen zu können, muss man der Ohnmacht nahe sein.«

»Wenn jemand einen Artikel über mich plant, möchte ich angerufen werden. Ich möchte Zitate autorisieren. Und ich klage dann schon mal, wenn diese Regeln nicht eingehalten werden.«

»Die Regisseure werden in Deutschland immer machtloser. Sie haben im Fernsehen fast nichts mehr zu sagen. Es entscheiden die Redakteure und diejenigen, die die Werbung aquirieren.«

»Ich hatte keine Lust, Schauspieler zu werden. Ich war so ein interessantes Tier, das vor der Kamera funktionierte.«

Sky du Mont

Sky du Mont, Schauspieler. Geb. 1947 in Buenos Aires. Mutter Engländerin, Vater Deutscher. Wächst in München, der Schweiz und London auf. Wird Schauspieler und spielt in München und Berlin Theater. Macht Film und Fernsehen – und wird wegen seines Aussehens immer wieder als attraktiver Bösewicht besetzt. Hat als einer der ganz wenigen deutschen Schauspieler in Hollywood Erfolg. Spielt eine der Hauptrollen in der Western-Komödie „Der Schuh des Manitu". Schreibt inzwischen Krimis, die in der Welt der Reichen und Adligen spielen. Lebt mit Frau und vierjähriger Tochter in Hamburg.

Flughafen Stuttgart. Abflughalle. Ganz oben und ganz hinten hängt ein roter Doppeldecker. Direkt darunter machen wir ein paar mal im Jahr die „LEUTE"-Sendung. Mit Publikum und in einem sehr angenehmen Ambiente.
Sky du Mont kommt kurz vor 10 mit dem Flieger aus Hamburg. Ein Mann, an dem das Image des Beau und des Womanizers klebt wie eine zweite Haut. Damit schlägt er sich seit langem rum. Und es macht ihn immer noch wütend. Weil es einfältig ist und weil es einfältig macht. Schön zu sein, ist keine Leistung und kein Verdienst. Er aber ist viel mehr: Intelligent, schlagfertig, witzig, amüsant, belesen. Ein Mann, der weiß, was er will. Der weiß, was er kann. Der Konflikte austrägt. Wenn er sich über einen Kritiker ärgert, schreibt er ihm einen Brief. Wolfgang Heim

Gewöhnt man sich daran, in jedem zweiten Interview auf das Äußere angesprochen zu werden?

Man gewöhnt sich auch nicht an schlechte Kritiken. Ich finde Äußerlichkeit doof. Und ab einem bestimmten Alter sollte man danach beurteilt werden, was man geleistet hat.

Ist das eine deutsche Schublade?

Nein. Schubladen gibt es auf der ganzen Welt. Angela Merkel zum Beispiel wird ständig wegen ihrer Frisur kritisiert. Meine Güte! Haben wir nichts anderes, was man bei dieser Frau kritisieren kann? Ich wüsste einiges.

Alfred Biolek hat mal gesagt, er lese schon lange keine Kritiken mehr, weil er keine Lust hat, sich ständig in die Pfanne hauen zu lassen. Verstehen Sie ihn?

Wenn man in der Pfanne lebt ...

»Man kann mich als Schauspieler kritisieren. Man kann den Film scheiße finden. Aber wie kommt ein Journalist dazu, meine Haare zu kritisieren? Wo sind wir denn?«

»Als ich erfahren habe, dass sie 29 Jahre jünger ist, fiel ich kurzfristig in ein Koma. Dann bin ich erwacht und habe sie geheiratet.«

»Hamburg ist eine sehr unaggressive Stadt. Wenn die Ampel grün wird und der vorne nicht losfährt, hupt keiner. In Bayern holen sie dich aus dem Auto raus.«

»In Amerika müssen Sie Geld haben, sonst kommen Sie unter die Räder. Das find ich einfach schrecklich in einer Gesellschaft, die Milliarden für Militär und Raketen ausgibt.«

Wolfgang Fierek

Wolfgang Fierek, Schauspieler. Geb. 1950 in Ottobrunn. Will eigentlich wie sein Vater Koch werden, wird aber DJ in einer Diskothek – und dort von einem Regisseur entdeckt. Wird einer der erfolgreichsten und beliebtesten Serien-Schauspieler im deutschen Fernsehen. Ist „Ein Bayer auf Rügen" und „Tierarzt Dr. Engel". Überlebt im April 2003 einen fürchterlichen Motorradunfall. Liegt monatelang im Krankenhaus und veröffentlicht seine Leidensgeschichte später in dem Buch „Mit der Harley an der Himmelspforte".

Großer Auftrieb. Großer Bahnhof. Die einen wollen Autogramme. Eine Kollegin möchte ein Interview über Frühlingsgefühle beim Motorradfahren. Die Macher einer Spielzeugeisenbahn-Ausstellung laden ihn ein auf die Schwäbische Alb. Und er immer nett. Immer freundlich. Nie genervt. Ein sympathischer Mensch. Normal und normal geblieben. Man merkt es an Kleinigkeiten. Wie jemand einem zuhört. Wie jemand lacht. Wie jemand sich bedankt. Wolfgang Heim

Was – von oben bis unten – war alles kaputt?

Unterkiefer-Absprengung. Abgerissene Schulter-Rezeptoren. Gebrochenes Brustbein. Doppelter Oberschenkelbruch. Offener Unterschenkelbruch.

Wie nah dran waren Sie an der Amputation des Beins?

Meine Frau sagte mir, drei Tage waren sehr, sehr kritisch.

Wie oft haben Sie den Unfall schon geträumt?

Ziemlich oft. Ich hatte oft Albträume. Der große schwarze Kühler kam immer auf mich zu.

Ist es jetzt besser geworden?

Es ist vorbei. Jetzt hab ich nur noch schöne Träume.

»Ich danke dem lieben Gott, dass ich so gut aus der Sache rausgekommen bin. Das Leben ist so kostbar. Man bekommt es geschenkt. Und auf einmal wird man auf Null gestellt.«

»Ich bin ein volksnaher Schauspieler. Wenn die Leute mich sehen, sagen sie: „Grüß Dich!" Da sagt keiner: „Grüß Gott, Herr Fierek!"«

»Ich lag im Krankenhaus, und jeden Tag kamen Blumen, Briefe, Faxe, E-Mails. Teilweise von wildfremden Menschen. Sowas tut sehr gut. Es trägt dich.«

»Der Film „Easy Rider" hat mein Leben verändert. Der erste Takt von „Born to be wild" hat mich getroffen wie ein Blitzschlag. Es war einfach gigantisch.«

Jürgen Fliege

Jürgen Fliege, Theologe und Fernsehmoderator.
Geb. 1947 in Radevormwald. Blieb als Legastheniker dreimal sitzen und machte nur mit Mühe Abitur. War 15 Jahre Gemeindepfarrer, zeigte sich rhetorisch begabt und publikumswirksam. Ging 1988 zum Fernsehen und bekam seine eigene Talkshow „Fliege". Schreibt erfolgreiche Bücher und polarisiert immer wieder durch unkonventionelle Äußerungen.

»Ich habe mich noch nie dem Lieben Gott verschrieben, aber ich wollte schon mit fünf Jahren Pfarrer werden.«

»Jede Form von Religion ist provinziell, jede.«

»Ich glaube nicht an Jesus, der für mich geblutet hat. Dass sie jemanden aufgehängt haben, damit Du leben kannst, bringt keinen Frieden.«

»Die Christen sind die erste Selbsthilfegruppe der Welt – der Chef war tot, und das Ding funktioniert.«

»Kein Mensch hat einen freien Willen. Der Lebensweg wird von woanders her geordnet.«

Warum polarisiert der Mann so?
Jeder kennt ihn, aber nicht jeder mag ihn. Das wusste ich vor der Sendung, und das verstehe ich auch danach noch. Das liegt an seiner sehr eigenen Art, manche Gäste seiner Ende 2005 eingestellten Talkshow zu einem Seelenstriptease zu verführen. Und das liegt an seiner Sichtweise des Glaubens und seiner Interpretation der Bibel. Ich finde es spannend, mich damit auseinander zu setzen. Dem Menschen Fliege komme ich damit nicht näher. Und einige Hörer protestieren gegen seine Ansichten.

Stefan Siller

Hatte das, wonach Sie immer gesucht haben, etwas mit dem Begriff Gott zu tun?

Nein, nie. Ich glaube da sowieso nicht dran.

Sie wollen uns jetzt aber nicht sagen, dass Sie nicht an Gott glauben?

Ich bin ein tief religiöser Mensch, der aber alle Bilder von Gott in Frage stellt, irgendwann auch die Formen, die das Christentum herausgearbeitet hat. Denn der Liebe Gott ist kein Christ.

Zu wem beten Sie?

Manchmal ganz naiv, dann rufe ich den Vater meines Lebens. Aber ich rufe nie den Gott der Bibel.

Sie sagen, Sie haben schon gegen alle zehn Gebote verstoßen. Wie gut können Sie damit leben?

Gut. Ich fühle mich vom Himmel auch nicht bestraft, sondern behütet und geliebt.

Bischof Gebhard Fürst

Dr. Gebhard Fürst, Bischof. Geb. 1948 in Bietigheim. Kommt, wie er sagt, aus einer einfachen katholischen Familie. Vater Gärtner. Mutter Hausfrau. Studiert nach dem Abitur erst Griechisch und Hebräisch, dann Theologie. Wird mit 29 zum Priester geweiht, arbeitet als Diakon in Nürtingen und als Vikar in Stuttgart. Wird 1986 Direktor der Diözesan-Akademie in Stuttgart. Und 2000 Bischof der Diözese Rottenburg-Stuttgart.

Am 2. April abends um 21.37 Uhr stirbt der Papst. Es ist Samstag, und es ist ein Jahrhundertereignis. Es ist wie beim 11. September. Jeder wird für immer wissen, wie er vom Tod dieses Papstes erfahren hat. Ich stehe mit dem Auto an einer roten Ampel in Stuttgart. Und habe plötzlich noch ein ganz anderes Problem. Wir müssen den Montag neu besetzen. Und es gibt eigentlich nur einen Kandidaten: Bischof Fürst. Eigentlich undenkbar, einen Mann mit diesem Terminkalender so kurzfristig für einen kompletten Vormittag zu bekommen. Zwei Anrufe in Rottenburg. Dann passiert das Wunder. Der Bischof sagt zu. Trotz Erkältung. Und ist obendrein so, wie alle ihn beschreiben: Offen, freundlich, kommunikativ, umgänglich. Wolfgang Heim

Nach Ihrer Ernennung zum Bischof hatten Sie mit Papst Johannes Paul II. ein Gespräch. Wie war das?

Ich hatte die Möglichkeit, eine halbe Stunde mit ihm unter vier Augen in seinen Privatgemächern zu sprechen. Das war eine sehr intensive Begegnung.

Haben Sie sich auf deutsch unterhalten?

Ja.

Wie krank war er?

Er war schon von Parkinson gezeichnet und von der Medikamentierung.

Wie verabschiedet sich ein Bischof von seinem Papst?

Ich habe ihm die Hand gegeben und mich für das Gespräch bedankt. Und er hat mir den Segen gegeben.

Küsst man den Ring des Papstes?

Manche tun das. Aber es ist nicht Vorschrift.

»Ich hatte den Eindruck, dass der Papst sein Sterben mitgestaltet hat. Das war eindrucksvoll und tröstlich.«

»Seine große Leistung war, dass er sich in unglaublicher Weise für Gewaltlosigkeit und Frieden eingesetzt hat. Bis hin zum Irakkrieg.«

»Ich weiß nicht, ob der Begriff Popstar angemessen ist. Aber Johannes Paul II. war der erste Papst, der von seiner Begabung her mit den Medien umgehen konnte.«

»Ob sich mit dem neuen Papst in Positionen der Sexualmoral sehr viel verändert, kann ich nicht abschätzen. Ich vermute, eher nicht.«

»Johannes Paul II. konnte auf die Menschen zugehen. Und die Menschen haben gespürt, dass er sie schätzt und dass sie ihm am Herzen liegen.«

Joachim Gauck

Joachim Gauck, Pfarrer. Geb. 1940 in Rostock. Organisierte in der Wendezeit Demonstrationen und wurde 1990 für Bündnis 90/Die Grünen in die Volkskammer gewählt. Wurde zum Bundesbeauftragten (Vorher: Sonderbeauftragten) für die Unterlagen der Stasi gewählt. Geriet u. a. in Rechtsstreit mit Manfred Stolpe und Gregor Gysi. Moderierte nach seiner zweiten Amtszeit eine Talkshow in der ARD und wurde 2003 neuer Vorsitzender des Vereins „Gegen das Vergessen – für Demokratie".

Wie bekommen wir den idealen Gast zum 15. Jahrestag der Maueröffnung? Für dieses historische Datum wollen wir Joachim Gauck einladen, weil er damals dabei war und anschließend die alte Gesellschaft aufgearbeitet und die neue mitgestaltet hat. Aber wir sind nicht die Einzigen. Am Vortag hat er Zeit für eine Aufnahme und reist extra an, um auch vom Südwestfernsehen aufgezeichnet zu werden. Er ist sich seiner Bedeutung durchaus bewusst, bleibt im persönlichen Umgang aber charmant und freundlich. Und er ist ein glänzender Erzähler. Stefan Siller

Ist alles zusammengewachsen, was zusammengehört, oder gehört gar nicht alles zusammen?

Es ist nicht zusammengewachsen, was zusammengehört, denn zu lange haben wir uns unterschiedlich entwickelt.

Was konkret fällt einem Bürger, der über 50 Jahre in einer Diktatur gelebt hat, in der neuen Freiheit besonders schwer?

Ganz viel. Jetzt sollen wir uns selber versichern oder eine Steuererklärung ausschreiben. Ich bin nun wirklich ein selbstbewusster Mann, aber wenn ich diese Formulare sehe, da werde ich wirklich so klein mit Hut.

Sind Sie Pfarrer geworden, weil Sie in einer Diktatur gelebt haben?

Es reicht nicht aus als Motivation, aber es hat damit zu tun. Als ich Kind war, wurde mein Vater ohne jeden Grund abgeholt und verschwand dann. Das war Stalinismus.

»Wenn die kommunistische Diktatur über das Schwabenland gekommen wäre, dann hätten wir hier auch Heerscharen von ehemaligen Volkspolizisten und Stasileuten und angepassten Lehrern und Unterdrückertypen.«

»Gysi und Stolpe sind nun nicht die größten Strolche. Aber sie sind je auf eigene Weise in eine Verstrickung geraten, die sie anders interpretieren als ich.«

»Wir haben diese merkwürdige Dualität von Sozialismus/Kapitalismus ungeprüft übernommen – ein großer Schwachsinn.«

Stefan Gwildis

Stefan Gwildis, Musiker.
Geb. 1958 in Hamburg als Sohn eines Reifenhändlers und einer Hutmacherin. Steht schon seit 25 Jahren auf der Bühne, als Musiker, als Kabarettist oder auch als Stuntfechter am Thaliatheater. Jobbte im Hamburger Hafen, um Frau und Kinder zu ernähren. Dann der große Durchbruch mit dem Album „Neues Spiel – Soulklassiker in deutscher Sprache". Im Alter von 45 Jahren als „Newcomer des Jahres" gefeiert.

Sollen wir Gwildis für „LEUTE" einladen?
Lange hatten wir die Entscheidung vor uns her geschoben, weil wir fürchteten, unsere Hörer/innen könnten sich vielleicht nicht genug für ihn interessieren. Aber dann wurden seine von „SWR1" präsentierten Konzerte so erfolgreich, dass wir ihn nicht nur musikalisch, sondern auch im Gespräch vorstellen wollten. Gwildis hat nicht nur eine gute Stimme, sondern auch viel erlebt. Außerdem ist er ein netter Kerl – und sieht gut aus. Ungewöhnlich viele Damen kamen während der Sendung zum Studio, um ihn anzuschauen. Stefan Siller

Sie werden oft mit George Clooney verglichen. Sind die Frauen hinter Ihnen her?

Wir haben natürlich schon mit Problemen zu kämpfen. Das Schlüpferproblem ist etwas, das uns immens zu schaffen macht. Immer wieder fliegen diese großformatigen Teile auf die Bühne. Wir haben schon mit Schneeschiebern bewaffnet versucht, das Schlimmste zu verhindern.

Wie kam es zu der Idee, alte Soul-Klassiker mit deutschen Texten zu versehen?

Ich hatte viel mit Jazz zu tun, und auf einer der letzten Schallplatten hatte ich eine Bill-Whithers-Bearbeitung, „Ain't no sunshine", und die habe ich dem damaligen EMI-Chef vorgespielt. Der kam auf die zündende Idee, eine ganze LP damit zu machen. Das ist also nichts, was von Marktanalytikern empfohlen wurde, sondern das kam aus dem Stand, aus der Hose.

Und woher kommt die Bewunderung für Hildegard Knef?

Die ist ganz tief und fest verwurzelt mit den Hörgewohnheiten meiner Mutter. Wir hatten zu Hause vier Schallplatten, eine von James Last, eine mit der Moldau-Melodie, eine Jazzplatte und eine von Hilde Knef. Die hat mir immer besonders gut gefallen. Bis zu dem Moment, wo sie sich hat liften lassen, war ich der größte Hildegard-Knef-Fan.

»Ich habe viel im Hamburger Hafen gearbeitet, als Schiffsausrüster, als LKW-Fahrer, habe Katzenfelle und Hustenbonbons gefahren.«

»Ich bin am 8.2.2001 dabei gewesen, als St. Pauli Bayern München einfach eingeseift hat. Was gibt es schöneres, als so ein beleidigtes Gesicht von Herrn Hoeneß zu sehen.«

»Wir sollten ein Auto als Musikinstrument benutzen und sind dann auf den Opel Kadett E gekommen, weil er einfach Klasse Bleche hat, die besonders gut klingen, und die Scheiben und Türen haben ganz besondere Soundfeatures.«

»Bill Whithers, der ja lange bei Lockhead Toiletten in die Flugzeuge geschraubt hat (einer der prominentesten Toilettenschrauber der Musikgeschichte), das ist so einer, mit dem ich mich gut vergleichen könnte.«

Dieter Hildebrandt

Dieter Hildebrandt, Kabarettist. Geb. 1927 in Bunzlau/Schlesien. Wird 1943 Luftwaffenhelfer und erlebt das Kriegsende in britischer Gefangenschaft. Holt nach dem Krieg sein Abitur nach. Studiert Literatur- und Theaterwissenschaften. Verdient seinen Lebensunterhalt als Platzanweiser im Münchner Nachkriegskabarett „Kleine Freiheit". Lernt dort die Größen des politischen Kabaretts kennen, u. a. Erich Kästner. Ist 1956 Mitbegründer der „Münchner Lach- und Schießgesellschaft". Tritt später in der ARD-Sendung „Scheibenwischer" Politikern aller Parteien auf die Füße. 23 Jahre lang.

Dieter Hildebrandt eilt der Ruf voraus, zerstreut zu sein. Deshalb wundert es mich nicht wirklich, als der Taxifahrer, der ihn im Hotel abholen soll, anruft und sagt: „Er ist nicht da!" Eilige Recherchen ergeben: Dieter Hildebrandt ist im Mainzer „Unterhaus". Er hat sich dort zeitgleich verabredet. Der Taxifahrer holt ihn aus der Besprechung und bringt ihn zu uns; irgendwie klappt doch noch alles. So bösartig und sarkastisch Dieter Hildebrandt als Kabarettist sein kann, so gelassen reagiert er auf die kleinen Missgeschicke des Alltags. Er kann dabei auch über sich selbst lachen – das macht ihn so sympathisch. Katja Heijnen

Sie haben ein Buch gebastelt aus Notizzetteln, die Sie in Ihrer Wohnung überall hinkleben ...

Machen Sie so was nicht – Notizzettel voll schreiben und hinkleben?

Nicht in dem Umfang, in dem Sie das offensichtlich betreiben. Wo genau kleben Sie die denn hin?

Überall. Ich mache mir auch Zettel, auf denen steht, dass ich auf die Zettel achten soll, die ich geschrieben habe.

Und wissen vermutlich auch bei diesen Zetteln später dann nicht mehr, wo Sie die hingeklebt haben ...

So ist es – ich bringe ja ohnehin alles durcheinander. Aber auf den Zetteln steht immer eine Erinnerung an die Möglichkeit einer Pointe, die man machen könnte, wenn man sie denn jemals bräuchte. Bei mir klebt die ganze Wohnung voller Zettel!

»Eine meiner liebsten Sendungen ist „Die Sendung mit der Maus". Für meine kindische Seele ist Sie Manna.«

»Mein Lieblingsfeind war Franz-Josef Strauß. Das würde Helmut Kohl vielleicht ärgern, denn das war auch sein Lieblingsfeind.«

»Optimismus ist bei mir leicht abzurufen, denn ich bin naiv, und manchmal glaube ich an die Anständigkeit von Menschen. Manchmal trifft das ja auch zu.«

»Es gibt keine Humorgrenzen zwischen Nord und Süd oder Ost und West. Aber die Weintrinker lachen anders als die Biertrinker. Die Schnapstrinker lachen jäh und ungerecht; die Weintrinker erst nach einiger Überlegung.«

»Politiker zu sein, ist ein Job, der mich nicht reizt. Aber wenn, möchte ich sofort Generalsekretär bei Frau Merkel sein, denn das ist ein Job, den bin ich auch sofort wieder los.«

Nina Hoss

Nina Hoss, Schauspielerin. Geb. 1975 in Stuttgart. Tochter der Schauspielerin und Intendantin Heidemarie Rohwedder und des im Jahr 2003 verstorbenen Willi Hoss, der bei den Grünen engagiert und als Entwicklungshelfer am Amazonas war. Bekannt geworden durch „Das Mädchen Rosemarie". Weitere Rollen in „Nackt", „Wolfsburg", „Der Vulkan", „Die weiße Massai". Ausgezeichnet mit Grimme-Preis und Goldener Kamera. Spielt am Deutschen Theater Berlin.

Was macht einen Star aus?
Nina bin ich zum ersten Mal vor 20 Jahren begegnet, weil sie mit ihren Eltern (beide auch schon zu Gast in „LEUTE") im selben Ristorante Pizza aß wie ich. Jetzt ist sie 29, und es ist gar nicht einfach, mit ihr einen Termin in ihrer Heimat zu bekommen, weil sie in Berlin in fünf verschiedenen Stücken fast jeden Tag auf der Bühne steht, zwischendurch einen Film dreht oder ein Hörspiel macht. Sie wird vom Publikum geliebt und von der Kritik als Star gefeiert. Weil sie fleißig ist und nur gute Rollen annimmt. Weil sie gut ist und keine Allüren hat. Stefan Siller

Deine Eltern sind oder waren beide sehr engagiert. Wofür hängst Du dich aus dem Fenster?

Ich hab kein spezielles Thema, so wie das bei meinem Vater war mit dem Amazonas-Projekt. Aber ich habe mich jetzt für „amnesty international" engagiert, weil ich das Thema Menschenrechte für sehr wichtig halte. Und wenn ich Ungerechtigkeiten in meinem Umfeld sehe, werde ich immer den Mund aufmachen.

Aber so eine Zivilcourage fällt ja vielen Leuten schwer?

Ja, ich beobachte auch, dass bei der großen Arbeitslosigkeit Angst aufkommt, überhaupt etwas zu sagen, wenn man sich ungerecht behandelt fühlt, Angst, den Job zu verlieren. Und ich finde das grauenvoll. Da kann man nicht genug gegenhalten. Ich möchte aber nicht nur in meinem privaten Umfeld etwas tun. Ich habe absolute Sehnsucht, mich für irgend etwas einzusetzen, und ich werde auch meinen Platz finden.

Kommt eine politische Partei in Frage?

Nein!

»Von meinen Eltern habe ich den Mut zum Rebellieren geerbt, dass man sagt, was man denkt.«

»Ich fand das Drehbuch für „Das Mädchen Rosemarie" so stark, dass ich dachte, ich wäre bescheuert, wenn ich das nicht machen würde.«

»Im Theater merkst du jeden Abend unmittelbar, ob du die Leute hast, und wenn du dann noch einen tollen Applaus bekommst, ist das der schönste Verdienst, den du bekommen kannst.«

»Erfolg kann süchtig machen und verändern, man kann sehr eingebildet werden.«

Horst Janson

Horst Janson, Schauspieler. Geb. 1935 in Mainz. Wächst in Wiesbaden auf. Nimmt nach der Schule Schauspielunterricht und spielt 1959 seine erste Filmrolle. Schafft im deutschen Fernsehen den Durchbruch mit den Serien „Salto mortale" und „Der Bastian". Spielt in verschiedenen englischen und amerikanischen Produktionen mit und dreht u. a. mit Charles Bronson, Tony Curtis und Roger Moore. Erfüllt sich 1998 einen Jugendtraum und spielt in Bad Segeberg den „Old Shatterhand". Ist der aktuelle Kapitän der ARD-Reihe „Unter weißen Segeln". Janson ist mit einer Journalistin verheiratet und hat zwei Töchter. Er lebt in München.

Karl May hält jung, ganz eindeutig. Pierre Brice sieht 15 Jahre jünger aus und Horst Janson auch. Winnetou und Old Shatterhand als Anti-Aging-Helden. Großes Kino, perfekte Optik. „Jemand nimmt sich nicht zu wichtig" ist eine ziemlich abgegriffene Floskel – für Horst Janson passt sie. Normal, freundlich, in sich ruhend. Keine Pirouetten, keine Gespreiztheit, keine Inszenierung. Und jemand, der bei aller Freundlichkeit nur soviel von sich preisgibt, wie er preisgeben möchte. Und – was noch wichtiger ist – jemand, dem es ganz offensichtlich richtig gut geht. Wolfgang Heim

Sie sind 69. Auf wie alt werden Sie in der Regel geschätzt? Ende 40? Mitte 50?

Das ist übertrieben. Aber auf ein bisschen jünger schon.

Wie schaffen Sie das?

Man muss was dafür tun.

Schwimmen?

Zu kalt.

Radfahren?

Wunderbar.

Joggen?

Weniger. Find ich langweilig. Langlaufen im Winter. Und ab und zu in ein Fitness-Studio gehen.

Ernährung?

Viel Obst. Wenig Fett.

Bewegung?

Frische Luft ist ganz wichtig.

Würden Sie sich liften lassen?

Nein. Die Ergebnisse sind meistens katastrophal. Man sieht die Leute und erkennt sie nicht wieder.

»Das Reizvolle beim Film ist, dass man mit einem Augenaufschlag alles ausdrücken kann, was man ausdrücken will.«

»Ich habe die Erfahrung gemacht, dass gerade internationale Stars freundlich, nett und auch kollegial sind.«

»Als Kind habe ich über 60 Karl-May-Bücher gelesen. Das war damals der Ersatz für große Reisen, die man heute macht.«

»Ich möchte mich nicht nur über meinen Beruf unterhalten. Es gibt ganz viele wichtige andere Themen auf der Welt.«

»Im Prinzip ist Deutschland ein Land mit unheimlicher Leistungsfähigkeit. Wir machen Qualität. Und wir sollten uns darauf besinnen, dass wir gut sind.«

Patricia Kaas

Patricia Kaas, Sängerin.
Geb. 1966 in Lothringen als jüngstes von sieben Kindern eines französischen Bergmannes und einer deutschen Hausfrau. Zweisprachig aufgewachsen. Erster Auftritt bereits mit 13 Jahren im Saarbrücker Tanzlokal „Rumpelkammer". Durchbruch 1988 mit „Mademoiselle chante le blues". Kann sich an ein Leben als Star erst schwer gewöhnen. Ist heute die erfolgreichste französische Sängerin und mit zahlreichen Preisen ausgezeichnet worden: „World Music Award", „Platin Schallplatte", „Bundesverdienstkreuz".

Alles an Patricia Kaas wirkt zart und zerbrechlich – sogar ihr kleines weißes Hündchen Tequila, das sie, als ich sie begrüße, wie ein Schutzschild vor sich hält. Die beiden sind unzertrennlich. Während der Sendung sitzt Tequila neben ihr und lässt seine Herrin nicht aus den Augen. Patricia Kaas weiß, dass Sie ein Weltstar ist und eine sensationelle Stimme hat. Gleichzeitig ist sie immer noch das schüchterne Mädchen aus Lothringen. Sie sagt: „Ich bin jetzt viel selbstbewusster als früher". Man möchte sie in die Arme nehmen und beschützen. Katja Heijnen

Sie rufen in Ihrem Album nach Männern, die ihre feminine Seite zeigen. Was meinen Sie genau damit?

Ich finde, Männer sperren ihre wahren Gefühle oft in einem Käfig ein. Aber gerade, wenn ein Mann auch mal weinen kann, finde ich das sehr berührend.

Was müsste denn ein Mann sonst noch mitbringen, um Ihnen zu gefallen?

Einfach er selbst sein und mich überraschen. Es gibt keinen bestimmten Männertyp, der mir gefällt. Also ich würde nicht sagen wollen, dass er aussehen muss wie George Clooney ...

Wäre aber auch nicht schlecht, oder?

Nein. Aber es ist wichtiger, dass er authentisch ist. Ich habe oft das Gefühl: In den Medien wird ein bestimmter Männertyp vorgeführt, und alle Männer meinen, so sein zu müssen. Dabei vergessen sie, wie sie wirklich sind.

Ist es schwieriger, einen passenden Partner zu finden, wenn man berühmt ist?

Ich glaube, es ist weniger die Berühmtheit als die Selbstständigkeit, die da ein Problem darstellt. In einem gewissen Alter führt man ein bestimmtes Leben und will sich da auch nicht reinreden lassen. Selbstständigkeit kann gefährlich sein ...

»Wenn man sich eingesteht, dass man schwach ist, dann ist das ein Zeichen für Stärke.«

»Der Luxus des Erfolgs ist, dass man nicht mehr darüber nachdenken muss, was Menschen über einen denken, die einem nichts bedeuten.«

»Ich hatte eine schöne Kindheit. Wir hatten nicht viel Geld, sind aber mit viel Liebe und Ehrlichkeit aufgewachsen. Und das sind Dinge, die mir heute noch wichtig sind im Leben.«

»Meine Mutter war der Mensch, der immer an mich geglaubt hat. Ihr größter Wunsch war, dass ich als Sängerin erfolgreich würde. Als sie sterbenskrank war, tat ich alles, um ihren letzten Willen zu erfüllen.«

»Ich mag die Klischees „typisch deutsch" und „typisch französisch" nicht. Ich habe mir das Beste aus beiden Nationen zueigen gemacht – dann können die Leute selbst darüber nachdenken, was das ist.«

Christine Kaufmann

Christine Kaufmann, Schauspielerin. Geb. 1945 in Gröbming/Österreich. Wächst in München auf und wird mit acht Jahren für den Zirkusfilm „Salto mortale" entdeckt. Spielt kurz darauf ihre erste Hauptrolle in dem Film „Rosen-Resli". Geht Anfang der 60er Jahre nach Hollywood. Heiratet den Filmschauspieler Tony Curtis und bekommt zwei Töchter. Lebt heute wieder in München. Hat die Schauspielerei weitgehend hinter sich. Schreibt Bücher darüber, wie man im Leben Gesundheit und Glück findet. Betreibt erfolgreich ihre eigene Kosmetik-Linie. Erfindet Haarspangen und entwirft Gardinen.

Sie hat eine warme, angenehme Stimme. Sie hat ein strahlendes Lächeln. Sie hat Ausstrahlung. Sie weiß, dass sie eine schöne Frau ist. Und geht deshalb souverän mit ihrem Alter um. Sie gewinnt Menschen. Aber man spürt, dass sie von einer Sekunde auf die andere auch ganz anders kann. Wenn sie will. Oder muss. Wolfgang Heim

Stimmt es, dass Sie mal gesagt haben: „Ohne Bob Dylan wäre ich heute noch mit Tony Curtis verheiratet."?

Stimmt. Ich war 18, als ich ihn heiratete. Später hörte ich Bob Dylan, es passierte Vietnam, und ich konnte plötzlich nicht mehr in diesem Luxus leben.

Tony Curtis hat das nicht verstanden?

Nein. Er war ja 20 Jahre älter und kam aus einer ganz anderen Ecke.

Und heute ist er mit einer Frau verheiratet, die 50 Jahre jünger ist?

Ja, aber sie ist wirklich die Frau seines Lebens. Es wird sicher halten, bis er stirbt.

»Berühmtsein heißt, man wird angekuckt, als ob man eine Behinderung hätte. Für ein Kind ist sowas traumatisierend.«

»Ich möchte lieber gut altern, als schlecht jung bleiben. Damit habe ich überhaupt kein Problem.«

»Eigentlich ist es ein Albtraum. Alle Leute sind angezogen. Du bist allein auf der Bühne und nackt. Diese Überwindung hat mich als Mensch wachsen lassen.«

»Ich hatte soviel Angst, mich in der Außenwelt zu verlieren, dass ich mich in meiner Innenwelt verloren hab. Es war eine Begegnung mit dem Selbst, jenseits des Ruhms.«

»Ich habe festgestellt, dass eine bestimmte Art von Sicherheit ängstlich macht.«

Günther Kaufmann

Günther Kaufmann, Schauspieler. Geb. 1947 in München. Wuchs in München als uneheliches Kind eines schwarzen US-Soldaten und einer Deutschen auf. Wurde vor allem durch seine insgesamt 16 Filme mit Rainer Werner Fassbinder bekannt. Legte im Februar 2001 aus – wie er sagt – Liebe zu seiner Frau ein falsches Geständnis ab, nämlich seinen Steuerberater getötet zu haben. Wurde zu 15 Jahren Haft verurteilt, kam aber nach 831 Tagen frei, weil wegen einer neuen Zeugenaussage die Täter gefasst wurden.

Was ist das nur für ein Kerl, der freiwillig in den Knast geht, obwohl er unschuldig ist? Er ist groß und massig – und wirkt doch verletzlich. Er ist gekommen, um seine Geschichte zu erzählen, die so schwer zu glauben ist. Er sagt, er war sehr naiv, und ich glaube, er ist es immer noch. Er wartet sehnlichst auf neue große Rollen und hat Angst, in Vergessenheit zu geraten. Er freut sich, dass nach der Sendung Autogrammjäger auf ihn warten.

Stefan Siller

Warum haben Sie eine Tat gestanden, die Sie nicht begangen haben?

Es ging um das Gefühl für meine Frau. Sie war todkrank. Ich wusste, dass sie sterben würde. Deshalb habe ich ein falsches Geständnis abgelegt.

Sie haben aber schon geglaubt, dass Ihre Frau etwas damit zu tun hatte?

Ich wusste, dass meine Frau einen Betrug begangen hatte, aber dass sie mit dem Tod des Mannes etwas zu tun hatte, habe ich nicht geglaubt.

Sie wissen jetzt, wie es im Gefängnis ist, Sie haben 831 Tage gesessen. Würden Sie es noch mal so machen?

Ich würde unter diesen Umständen noch mal so handeln.

»Ich war so vertrauensselig, dass es schon nicht mehr normal war.«

»Fassbinder liebte mich und quälte mich.«

»Ich bin nicht weiß, ich bin nicht schwarz, ich bin irgendwas dazwischen.«

»Mir hat es geschmeichelt, wenn jemand auf mich stand, auch wenn es ein Mann war, aber letztendlich habe ich meine Gunst doch den Frauen geschenkt.«

Peter Kraus

Peter Kraus, Sänger, Schauspieler und Entertainer. Geb. 1939 in München. Dreht mit 14 seinen ersten Film. Steht mit 17 erstmals mit Gitarre auf der Bühne und wird danach als der deutsche Elvis gefeiert. Verkauft Millionen Schallplatten, spielt in zahlreichen Filmen mit – und wird Ende der 50er Jahre zum Idol der Teenager in Deutschland. Arbeitet danach als TV-Moderator und TV-Produzent. Macht immer noch Rock 'n' Roll und geht auf Tournee. Lebt am Luganer See und liebt seine Frau und schnelle Autos.

Es gibt nicht viele Menschen in Deutschland, die so bekannt sind wie er. Und es gibt nicht viele Menschen, die so beliebt sind. Wenn jemand im Fernsehen bei der Suche nach den „hundert besten Deutschen" auf Platz 61 landet (nach Alexander von Humboldt und vor Wernher von Braun), dann sagt das alles. Auch, wenn man als Moderator in der Regie Kolleginnen und Kollegen sieht, die man sonst nie sieht. So viel Popularität kann hart und abweisend machen. Oder freundlich, korrekt und professionell. Peter Kraus hat sich für die zweite Variante entschieden. Wolfgang Heim

Macht es noch Laune, nach so langer Zeit auf die Bühne zu kraxeln?

Noch springe ich. Und es macht immer noch tierisch Spaß.

Macht es noch Spaß, „Sugar Baby" zu singen?

„Sugar Baby" ist meine Visitenkarte. Aber dann erwarte ich, dass das Publikum zuhört, was ich sonst noch drauf habe.

Gab's früher mehr Individualisten und Querköpfe?

Ja. Tom Jones, Elvis Presley, Roy Orbison – das gibt's heute nicht mehr. Oder nur ganz vereinzelt.

Haben anarchische Typen keine Chance mehr?

Sie werden von der großen Musik-Maschinerie sofort in ein Korsett gezwängt.

»Ich bin mir treu geblieben und hab mich nicht wie ein Chamäleon verändert. Ich bin weder gepierct, noch hab ich Ohrringe.«

»Ich rede nicht gerne über den Tod meiner Tochter. Und ich möchte auch nicht immer wieder darauf angesprochen werden. Deshalb reagiere ich jetzt etwas verhalten und nicht so plappermäulig wie sonst.«

»Der Funk hat mich nicht gespielt. Die Leute haben die Nase gerümpft. Umso mehr freue ich mich, dass wir jetzt den fünfzigsten Geburtstag des Rock 'n' Roll feiern.«

»Wir haben am Luganer See sehr schönes und mildes Klima. Man kann schwimmen, segeln, Wasserski fahren. Man kann mit dem Rennrad um den See fahren. Und man kann bergsteigen.«

»Robbie Williams mag ich sehr. Weil er individuell ist. Weil er eine Persönlichkeit ist. Und weil ich ihn vor allem nach den ersten Tönen erkenne.«

Hans Küng

Prof. Hans Küng, kath. Theologe. Geb. 1928 in Sursee/Schweiz. Kam als streitbarer Wissenschaftler schon früh in Konflikt mit dem Papst, dessen Unfehlbarkeit er in Frage stellte. Lehrte von 1963 – 96 in Tübingen. Präsident der „Stiftung Weltethos", die für einen Dialog der Religionen eintritt.

Kann uns (ob gläubig oder nicht) dieser verstoßene Katholik den Islam verstehen helfen?
Auch wenn ihn mancher für eitel hält – ich empfinde ihn als ebenso klugen wie angenehmen Gesprächspartner. Er ist ein Mann, der klare Worte findet und keine Auseinandersetzung scheut. Er kann auch zuhören, ist aber nur schwer zu überzeugen. Er kann sich für jedermann verständlich ausdrücken und hätte auch gern mehr geredet und weniger Musik gehört. Stefan Siller

Glauben Christen, Juden und Moslems an denselben Gott?

Sie glauben zweifellos an denselben Gott. Der ganze Koran ist ja voll von biblischen Geschichten, und das arabische Wort für Gott ist auch für Christen Allah.

Trotz aller gemeinsamen Wurzeln wird nicht jeder diese Frage so beantworten wie Sie.

Ja, das ist dann Ignoranz, auch wenn Wesensunterschiede da sind. Für die Juden ist entscheidend Israel als Gottes Volk, für die Christen Jesus als Gottes Sohn und für die Moslems der Koran als Gottes Buch.

Zeichnet monotheistische Religionen nicht aus, missionieren zu wollen?

Die Gefahr besteht natürlich, im Namen eines Gottes Gewalttaten zu begehen.

Führt der US-Präsident auch im Namen seiner Religion Krieg?

Er hat zwar das Wort „Kreuzzug" zurückgenommen, aber er ist zweifellos von diesem missionarischen Geist beflügelt. Aber glauben Sie ja nicht, dass Religion für die Clique um ihn die Hauptsache ist. Die denken an das Öl, an die Weltherrschaft.

»Die ethischen Standards der Weltreligionen sind im Prinzip dieselben: Nicht morden, nicht lügen, nicht stehlen, nicht die Sexualität missbrauchen.«

»Das Verheerende ist, dass die knappe Mehrheit in den USA sich noch einmal für einen Präsidenten entschieden hat, von dem die übrige Welt wünscht, dass er weggekommen wäre.«

»Wir müssen keine Angst haben vor dem Islam. Wir müssen unter Umständen Angst haben vor einzelnen Terroristen.«

»Der Westen muss die Wurzel des Terrorismus eliminieren, den Palästina-Israel-Konflikt.«

Lotti Latrous

Lotti Latrous, Slum-Helferin. Geb. 1953 in Dielsdorf/Schweiz. Geht mit 16 als Au-Pair-Mädchen nach Genf, trifft den Tunesier Aziz, die Liebe ihres Lebens. Sie heiraten und bekommen drei Kinder: Selim, Sonia und Sarah. Aziz macht als Nestlé-Manager Karriere. Die Familie lebt in Saudi-Arabien, Nigeria, Ägypten und der Elfenbeinküste. Lotti hat irgendwann Luxus und Reichtum satt und sucht nach einer neuen Herausforderung. Sie besucht die Krankenstation von Mutter Theresa. Sie gründet in Abidjan (Elfenbeinküste) ein Hospital. Und später ein Sterbe-Hospiz für Aids-Kranke. Als ihr Mann nach Kairo versetzt wird, trifft Lotti die schwierigste Entscheidung ihres Lebens. Sie geht nicht mit der Familie mit. Sie bleibt in Abidjan.

Was für ein Leben. Was für eine Frau. Welch ein Kontrast: Champagner und Cocktails, Trauer und Tod. Sie hatte alles, und sie hatte nichts. Sie hatte drei Kinder und den Sinn des Lebens verloren. Sie hatte einen Mann und keine eigene Zukunft. Und sie musste eine Entscheidung treffen, die einem sogar aus sicherer Distanz das Herz zerreißt: Für oder gegen die Aids-Kinder von Abidjan. Für oder gegen die eigenen Kinder. Ein Lebens-Drama. Und ein Lebens-Trauma. Man spürt, wie es sie heute noch, Jahre danach, umtreibt. Wie sie sich gegen entsprechende Fragen munitioniert hat. Wie sie sich abschottet gegen Signale von Unverständnis und Zweifel. Wie sie ihren Weg für alternativlos hält. Eine starke Frau. Eine mutige Frau. Ein Rätsel.

Wolfgang Heim

Wer ist Noel?

Noel war 16, als er letztes Jahr starb. Den hab ich in den Tod begleitet. Er hatte Aids. Als er zu uns kam, sagte er, ich bin hier zu Hause.

Konnte er das Sterben akzeptieren?

Die Kinder akzeptieren alle das Sterben.

Wer ist Dieu-Donnes?

Der hatte einen völlig vereiterten Kiefer. Dem geht's gut. Der ist gesund geworden, weil er kein Aids hat.

Therese?

Therese war eine ganz junge Frau. Sie ist an Aids gestorben.

Felix?

Der war blind. Den haben wir aufgelesen, weil er nicht mehr allein leben konnte. Zehn Tage nach seinem 60. Geburtstag ist er nach einem Malaria-Anfall gestorben.

»Ein Mensch, der stirbt, merkt, dass er stirbt. Man darf ihm nichts vorlügen. Damit er seine Fragen noch stellen kann.«

»Am Anfang hab ich an Gott gezweifelt. Jetzt weiß ich, dass es ein Gott der Liebe ist. Und dass wir Menschen verantwortlich sind.«

»Mein größter Wunsch wäre, dass meine Aids-Kinder das bei uns sehen dürften: Die Märchenwelt an Weihnachten. Die Engel. Die Schaufenster. Die Lichterwelt.«

»Aids in Afrika ist kriminell. Die Leute bekommen keine Medikamente, weil sie sie nicht bezahlen können.«

»Wenn ein Kondom genauso viel kostet wie ein Teller Reis, dann muss man zuerst die Armut abschaffen, bevor wir mit unseren guten Ratschlägen kommen.«

Kardinal Karl Lehmann

Dr. Karl Lehmann, Kardinal und Bischof von Mainz.
Geb. 1936 in Sigmaringen als Sohn eines Dorfschullehrers. Möchte Pfarrer werden, studiert deshalb Theologie und Philosophie in Freiburg und Rom.
Ab 1968 Professor für Systematische Theologie an der Universität Mainz.
Ab 1971 Lehrstuhl für Dogmatik und Ökumenische Theologie in Freiburg.
Seit 1987 Vorsitzender der Deutschen Bischofskonferenz. Kämpft dafür, dass die katholische Kirche in Deutschland in der staatlichen Schwangerenkonfliktberatung bleibt, kann sich aber gegen Rom in dieser Frage nicht durchsetzen.
2001 Ernennung zum Kardinal.
Mit vielen – auch ungewöhnlichen – Preisen ausgezeichnet wie „Goldenes Schlitzohr" (2002) oder „Orden wider den tierischen Ernst" (2005).

Kardinal Lehmann kommt wie immer auf die letzte Sekunde. Sein Terminkalender ist vergleichbar mit dem des Bundeskanzlers – er ist trotzdem gerne Gast in unserer Sendung. Er schätzt es, mal etwas mehr Zeit zum Reden zu haben als in den meisten Fernsehinterviews. Er begrüßt alle, die ihm begegnen, mit Handschlag, fragt mich, wie es meiner Familie geht, den Techniker, ob sein Job stressig ist. Lacht ansteckend, als die Pförtnerin fragt, wann er endlich Papst wird. Er nimmt die Menschen ernst; deshalb fühlt man sich in seiner Umgebung auch wohl. Seine Antworten sind gleichermaßen ehrlich wie diplomatisch. Er ist „guter Hirte", „Schlitzohr im Kardinalstalar" und „Manager Gottes" in einer Person. Katja Heijnen

Sie sind ständig in den Medien präsent, mehr als mancher Popstar. Wie erklären Sie sich das?

So richtig erklären kann man sich das nicht. Als ich den „Orden wider den tierischen Ernst" bekam, gab es zum Beispiel ein unglaubliches Medienecho. Dabei sind mir andere Themen viel wichtiger ...

Sie sind in Deutschland inzwischen so was wie eine moralische Instanz, werden zu allen möglichen Themen um Ihre Meinung gebeten. Ist das eine Rolle, die Sie gerne spielen?

Eigentlich liegt mir das nicht sonderlich, denn ich bin ja von meinem Ursprung her Wissenschaftler, und da sagt man lieber etwas zu Dingen, von denen man wirklich Ahnung hat. Auf der anderen Seite muss sich die katholische Kirche als Volkskirche darum kümmern, wo die Menschen gerade der Schuh drückt – auch wenn das auf den ersten Blick ein außerkirchliches Thema ist.

Was war das außergewöhnlichste Thema, zu dem Sie in diesem Jahr Stellung beziehen mussten?

Das war das Thema „Schönheitsoperationen". Ich finde es schockierend, in welchem Ausmaß sich viele nach irgendwelchen Schönheitsidealen richten oder in eine solche Operation durch ihr Umfeld hineingedrängt werden. Es ist wichtig, dass Partner sich so annehmen, wie sie sind, mit all ihren Fehlern – und dass jeder Mensch lernt, sich selbst zu lieben, so wie er ist.

»Ich versuche mich in der Fastenzeit zurückzuhalten, vor allem im Hinblick auf Alkohol – aber so richtig fasten, das schaffe ich nicht – sonst werde ich unhöflich!«

»Wenn man eine Entscheidung aus Rom nicht versteht, tut es gut, sich klarzumachen, dass man in einer Weltkirche nicht der Nabel der Welt ist, und sich humorvoll relativiert.«

»Ich kann mich daran erinnern, wie ich als Kind nachts aus dem Schlaf gerissen wurde und in den Luftschutzkeller musste. Ich hatte damals ständig Angst, der einzige Ausgang aus dem Keller könnte zugeschüttet sein.«

»Ich bin neugierig. Ich habe in meinem Beruf die Chance, Menschen aller Schichten kennen zu lernen, mir ihre Sorgen zueigen zu machen. Jeder Tag bringt etwas Neues. Und auch an schwarzen Tagen gibt es noch Licht.«

»Zu meinem Beruf gehört eine bestimmte Entbehrung dazu. Ich sehe das aber nicht negativ. Ich halte es da mit Martin Heidegger: Der Verzicht nimmt nicht, er gibt.«

Jürgen Leinemann

Jürgen Leinemann, Journalist. Geb. 1937 in Celle. Studiert Geschichte, Germanistik und Philosophie. Wird Journalist und arbeitet für die Nachrichtenagentur dpa in Berlin, Hamburg und Washington. Wechselt 1972 zum Nachrichtenmagazin „Der Spiegel". Berichtet erst aus Washington und leitet später das Bonner Büro. Zieht 1990 nach dem Mauerfall nach Berlin und leitet bis 2001 das Ressort „Deutsche Politik". Hat alle wichtigen Politiker in Deutschland porträtiert. Kennt wie kaum ein anderer das Innenleben der politischen Kaste. Schreibt 2004 mit „Höhenrausch – Die wirklichkeitsleere Welt der Politiker" einen Bestseller.

Das erste Mal sah ich ihn 1994 bei der Fußball-WM in den USA. Er saß im eisgekühlten Pressezentrum der deutschen Mannschaft in Chicago – und hörte einfach nur zu: Berti Vogts, das nächste Spiel, Aufstellung, Taktik. Journalisten-Routine, nicht wirklich prickelnd. Anschließend schrieb er eine hinreißende „Spiegel"-Geschichte, weil es bei ihm war wie immer. Weil er seinen Augen und seinen Ohren und seinem Verstand vertraut. Weil er genauer als andere beobachtet. Weil er sich nicht selbst inszeniert. Weil er die Wirklichkeit sucht, die Lügen erkennt und die Ängste spürt. Weil er die richtigen Schlüsse zieht. Und weil er verdammt gut schreiben kann.

Wolfgang Heim

Wie viel haben Sie in Washington getrunken?

Genau weiß ich das nicht mehr. Jedenfalls immer mehr, als ich zugegeben habe. Ich hatte große Ängste und dachte immer, ich führe ein Hochstapler-Leben, und gleich kommt es raus.

Gab es ein Schlüsselerlebnis, wo Ihnen klar wurde: Wenn ich weitersaufe, geh ich vor die Hunde?

Ich sollte über Nixons Rücktritt eine Namens-Geschichte im „Spiegel" schreiben. Und ich lag total erschöpft und fertig und angetrunken vor dem Schreibtisch.

Haben Sie die Geschichte dann noch geschrieben?

Ich habe diese Geschichte nie geschrieben.

Sie sind seit fast 30 Jahren trocken. Sind Sie trotzdem rückfallgefährdet?

Da bin ich ganz sicher. Ich gehe nach wie vor zur Selbsthilfegruppe.

»Der politische Betrieb hält eine Fülle von Drogen bereit, die eine Flucht aus der Wirklichkeit erlaubt. Vor allen Dingen öffentliche Anerkennung.«

»Ein Staatssekretär hat mir mal gesagt: Wenn du keine Macht mehr hast, dann kommst du dir existenziell vernichtet vor.«

»Fischer ist im persönlichen Umgang vor allem mit den Medien sehr arrogant und sehr rüde geworden.«

»Ich habe gelernt, dass Schröder zwar nichts vergisst, aber auch nicht nachträgt.«

»Jeder Minister kann Ihnen davon erzählen, wie er darauf wartet, dass was schief gelaufen ist und ihm der Laden um die Ohren fliegt.«

Donna Leon

Donna Leon, Schriftstellerin und Literaturwissenschaftlerin. Geb. 1942 in New Jersey/USA. Erfand Commissario Brunetti, der in ihrer Wahlheimat Venedig ermittelt und sich mit Korruption und Behördenwillkür auseinandersetzen muss. Alle Bücher wurden Bestseller, speziell in Deutschland. Arbeitete als Lehrerin, Reiseleiterin und Werbetexterin u. a. in Saudi-Arabien, London und Iran, bevor sie sich in Venedig niederließ und mit fast 50 Jahren anfing zu schreiben. Ist Opernfan und besitzt keinen Fernseher.

Wie schreibt man über ein Dutzend Bestseller?
Natürlich habe ich mich gefreut, dass eine der erfolgreichsten und beliebtesten Schriftstellerinnen unserer Einladung für „LEUTE" gefolgt ist. Noch mehr aber darüber, dass sie eine freundliche, sympathische und völlig unkomplizierte Persönlichkeit ist, aufgeschlossen und ohne Allüren, die jeden am liebsten mit dem Vornamen anredet. Jetzt weiß ich immer noch nicht, wie man reihenweise Bestseller schreibt. Aber ich verstehe, dass Donna Leon es kann. Stefan Siller

Haben Sie als großer Fan schon alle Händel-Opern gesehen?

Leider nicht, es gibt ja 42.

Aber Sie besuchen Inszenierungen auf der ganzen Welt?

Oh ja, ich plane mein ganzes Leben danach. Ich gehe zum Beispiel im Mai nach New York, um mir „Rodelinde" anzusehen.

Müssen sich Ihre Termine nach den Aufführungen der Opernhäuser richten?

Ja, ich kann Ihnen genau sagen, wo ich von jetzt bis 2007 sein werde. Die Organisatoren meiner Lesereisen müssen seit zehn Jahren damit leben. Ich mache alles – wenn es mit den Opernterminen übereinstimmt.

Was ist denn so faszinierend an Händel?

Ich weiß es wirklich nicht. Der eine trinkt eben lieber Rotwein und der andere Weißwein.

Ach, das kann man auch beides trinken. Aber sie trinken ja gar nicht, obwohl Brunetti ja gern mal einen Dolcetto nimmt.

Ich probiere nur. Denn wenn ich mehr als ein Viertel trinke, falle ich in meine Pasta und schlafe ein. Das mögen die Leute nicht so gern.

»Ich werde einfach nicht wütend oder ärgerlich, ich führe ein sehr friedliches Leben – ich arbeite ja nicht beim Radio.«

»Wenn ich anfange, ein Buch zu schreiben, habe ich noch keine Ahnung, wie es zu Ende geht.«

»In den USA ist es eine Beleidigung, jemanden intellektuell zu nennen.«

Udo Lindenberg

Udo Lindenberg, Musiker.
Geb. 1946 in Gronau.
Begann mit zehn Jahren zu trommeln, wurde anerkannter Schlagzeuger und spielte u. a. bei Klaus Doldingers „Passport". Gründete das Panikorchester und prägte mit witzigen Texten und seiner näselnden Stimme einen neuen Stil. Durchbruch 1973 mit dem Album „Alles klar auf der Andrea Doria". Inszenierte mit Theaterregisseur Peter Zadek die „Dröhnland Revue", schenkte Erich Honecker eine Lederjacke und engagierte sich in der Friedensbewegung. Hatte große Alkoholprobleme, wohnt im Hotel und hat begonnen zu malen.

Steckt unter dem Hut noch ein heller Kopf?
Udo live in die Sendung zu bekommen, ist unmöglich. Vormittags schläft er. Wir treffen uns zwischen Soundcheck und Auftritt in seiner Garderobe in Künzelsau, wo er schon mittags erstaunlich munter und fit wirkt. Er scheint seinen Körper wieder im Griff zu haben und strahlt seine alte Power aus. Er wirft oft mit Schlagworten und eigenen Wortkreationen um sich, aber er meint es ehrlich und hat zu aktuellen Entwicklungen etwas zu sagen. Trinkt Tee und behält natürlich immer seinen Hut auf.

Stefan Siller

Früher habt ihr euch in der Friedensbewegung engagiert, gibt es heute Vergleichbares?

„Live 8" jetzt zum Beispiel, das Bewusstsein für die 3. Welt, dass man sich fragt: Sind wir, denen es wesentlich besser geht, auch mitverantwortlich für den anderen Teil der Welt. Und die letzte große Sache, die wir hier in Deutschland laufen hatten, war „Rock gegen rechte Gewalt".

Hast Du eine Erklärung dafür, warum rechte Parteien sogar noch in Landtage gewählt werden?

Da gibt es viele Verzweiflungswähler, die sich allein gelassen fühlen. Die Politiker können nicht erklären, dass es bei allen Einschnitten und Reformen auf einen ordentlichen Sozialstaat zugeht. Sie müssten doch in der Lage sein, das zu verklickern. Das müsste doch auf einen DIN-A4-Zettel draufpassen.

Freut sich der Panikpräsident schon auf eine Kanzlerin Merkel?

Also erst mal ist es ja wunderbar, dass Frauen höchste Ämter bekleiden. Und zu Angie sage ich immer: Zieh den Pony glatt. Die ist doch ganz lecker, sieht appetitlich aus. Aber als Panikpräsident bin ich natürlich überparteilich. Wenn ich an Schröder denke, muss man ihm ja hoch anrechnen, dass er uns aus dem Irak-Desaster rausgehalten hat.

»Ich bin Exzessor: alles, was ich mache, ob in der Liebe oder in der Kunst, wird auf die Spitze getrieben.«

»Am besten ist es, wenn man naturstoned ist und überhaupt nichts braucht.«

»Wenn mein Vater stramm aus der Kneipe kam, hat er sich mit wehenden Haaren auf den Tisch gestellt und mit dem Kochlöffel dirigiert.«

Joachim Löw

Joachim Löw, Fußballtrainer. Geb. 1960 in Schönau. Mittlere Reife und Ausbildung zum Großhandelskaufmann. Bringt es als Fußballer auf 52 Erst- und 252 Zweitligaspiele. Beginnt seine Trainer-Karriere in der Schweiz. Arbeitet danach beim VfB Stuttgart, in der Türkei, in Österreich und beim Karlsruher SC. Ist seit August 2004 Co-Trainer der deutschen Fußball-Nationalmannschaft.

Er ist, wie er scheint: Freundlich, höflich, unaufdringlich, verlässlich, angenehm. Wache Augen. Sicheres Auftreten. Absolute Loyalität. Keiner, der sich in den Vordergrund drängt. Keiner, der den Lautsprecher gibt, weil er sonst im überdrehten medialen Fußball-Zirkus nicht wahrgenommen wird. Stattdessen jemand, der viel Ahnung hat vom Fußball und auf dessen Urteil Jürgen Klinsmann großen Wert legt. Von daher haben sich zwei gesucht und gefunden. Wolfgang Heim

Wer steht 2006 im deutschen Tor?

Wissen wir noch nicht. Es gibt noch so viele Spiele. Wir werden uns rechtzeitig entscheiden.

Rechtzeitig heißt wann?

Es muss einige Wochen vor der WM klar sein.

Oliver Kahn und Jens Lehmann sind erstklassige Torleute. Ist Lehmann der bessere Fußballer?

Es stimmt, Lehmann ist ein sehr gut mitspielender Torwart. Kahn hat andere Stärken.

Stört es Sie, wenn Medien Stimmung machen für den einen oder anderen?

Davon lassen wir uns nicht beeinflussen. Wir konzentrieren uns auf 2006.

»Jürgen Klinsmann hat mich angerufen, und wir haben uns in Como getroffen. Und nach einem Tag Bedenkzeit haben wir uns beide dazu entschlossen, zusammen zu arbeiten.«

»Anfangs hat mich die Sache mit dem netten und freundlichen Herrn Löw schon gestört. Da war ich plötzlich in einer Schublade drin. Aber heute sehe ich das eher positiv.«

»Die Arbeit macht unheimlich Spaß. Wir haben viel Energie. Wir haben viele Ideen. Die Mannschaft entwickelt sich positiv. Und die Stimmung hat sich gedreht.«

»Die Entlassung als VfB-Trainer hat mich schon getroffen. Natürlich war die Enttäuschung groß, gerade nach zwei erfolgreichen Jahren. Aber ich habe gelernt: Entlassen zu werden, ist Teil des Jobs.«

»Ich habe nach wie vor großes Vertrauen in unsere Schiedsrichter. Die sind korrekt und seriös und gerade im Ausland sehr angesehen. Aber natürlich passieren Fehler.«

Peter Maffay

Peter Maffay, eigentlich Peter Alexander Makkay, Musiker. Geb. 1949 in Kronstadt/Rumänien. Kam 1963 mit seinen Eltern nach Bayern. Gleich seine erste Single „Du" wurde ein Hit. Wechselte bald vom Schlager zur Rockmusik. Feierte große Erfolge mit der „Tabaluga"-Reihe. Hilft mit seiner „Peter Maffay Stiftung" traumatisierten Kindern.

Was unterscheidet Maffay von seiner Musik?
Vor der Sendung haben mich manche Leute beneidet und andere bedauert. Maffay polarisiert. Man kann seine Musik mögen oder auch nicht, und man kann Maffay mögen oder auch nicht. Ich mag seine Musik nicht, komme aber mit ihm gut aus. Er ist eine ehrliche Haut und hat sicher aus seinen Höhen und Tiefen gelernt. Er ist ein Star, der sich nach der Sendung nicht nur vom Moderator, sondern auch vom Techniker persönlich verabschiedet. Stefan Siller

Warum würdest du manchmal jemandem gern aufs Maul hauen?

Ich bin ein friedfertiger Mensch, aber manchmal hat man das Verlangen danach, ein Thema mal so zu beenden.

Hattest du jemand Bestimmtes im Kopf?

Nein, es ging um Entscheidungsträger in Politik und Wirtschaft, die manchmal ohne mit der Wimper zu zucken Leute ihrem Schicksal überlassen, ohne die Konsequenzen zu überdenken.

Heute ist die DaimlerChrysler-Hauptversammlung mit Managern, die eine Menge Geld verdienen, während die Kollegen bei Smart um ihre Arbeitsplätze bangen. Hast du Aktien, z. B. von Daimler?

Ich habe noch nie Aktien besessen. Ich weiß, dass das zum Wirtschaftsleben dazugehört. Aber ich überlege mir immer, wie sich das anfühlen muss, wenn man an irgendeinem Teil der Welt sitzt und eine Entscheidung trifft, die 10.000 km weit weg verheerende Auswirkungen hat. Also in Detroit entscheidet irgendein Gremium, dass in Köln 20.000 auf die Straße gesetzt werden.

»Das Leben mit Typen wie mir ist mit Sicherheit nicht einfach.«

»Ich bin irgendwann bei 80 Zigaretten und ein bis zwei Flaschen Whisky am Tag gelandet. Aber es geht ganz gut ohne.«

»Das geistige Eigentum der Musiker muss geschützt werden. Da haben wir eine Schieflage, die der Gesetzgeber korrigieren muss.«

»Roy Makaay schreibt sich anders als ich und kann auch besser Tore schießen. Aber ich heiße auch immer noch Makkay.«

LAUT &
LEISE

Michaela May

Michaela May, Schauspielerin. Geb. 1952 in München. Stand mit neun erstmals vor der Kamera und spielte zwei Jahre später bereits eine Hauptrolle neben O. W. Fischer und Juliette Greco in „Onkel Toms Hütte". Ließ sich noch als Kindergärtnerin ausbilden und hatte dann großen Erfolg in den „Münchner Geschichten". Lernte für ihre Rolle als Kommissarin Obermaier im „Polizeiruf 110" schießen. Setzt sich für Kinder ein, die an Mukoviszidose erkrankt sind.

Kommt die Sendung überhaupt zustande?
Jeden Tag müssen wir damit rechnen, das Programm zu ändern, weil Papst Johannes Paul II. im Sterben liegt. Auch der Zustand von Fürst Rainier von Monaco ist ernst, und die Wachkoma-Patientin Schiavo ist gerade gestorben. Während der Sendung kommt dann die Meldung vom Tod Harald Juhnkes. Michaela May hat mit ihm gedreht und kann ihn würdigen. Bei aller ernsten Aktualität bleibt das Gespräch entspannt genug, auch über Kochrezepte und Saxofon spielen zu reden. Sie ist privat genau so natürlich, wie sie in ihren Rollen wirkt. Stefan Siller

Sie haben sich ausgerechnet, wie lange Sie ungefähr noch zu leben haben. Wie viele Tage kamen dabei heraus?

Ungefähr zehn- bis zwölftausend. Und das ist ja so eine winzige Anzahl von Tagen, da muss ich ja jeden Tag die Sau rauslassen.

Leben Sie so, als wäre jeder Tag der letzte?

Jeder Tag muss der schönste Tag sein, so versuche ich zu leben.
Dazu gehört z. B., dass der Beruf Spaß macht. Ich lebe immer andere Leben in meinem Beruf, und das macht Spaß.

Was wäre denn für Sie ein verlorener Tag?

Natürlich döse ich auch manchmal vor mich hin, wo ich etwas mit mehr Sinn hätte machen können.

Man muss sich doch auch mal entspannen, ohne etwas – in Anführungszeichen – Sinnvolles zu machen.

Ja, da können wir darüber reden, was sinnvoll ist. Ich kann nur sagen: Hauptantrieb muss immer die Liebe sein.

Ist das die Liebe zum Partner, zu den Kindern, zur Natur?

Das ist alles beinhaltet.

»Ich weiß nicht, ob die Mehrheit der Katholiken bereit ist für eine Päpstin – ich bin es.«

»Ich habe Harald Juhnke sehr geschätzt als Schauspieler, Entertainer, Sänger. Der Harald konnte alles.«

»Ich koche gern, und ich finde, die Italiener haben die beste Küche.«

»Ich war als Jugendliche oft aus dem normalen Freundeskreis draußen, weil ich weg war, Rollen gespielt habe, so dass die dann gesagt haben: oh, der Filmstar.«

»Ich habe Sehnsucht danach, wieder Saxofon zu spielen, weil es mir so viel Spaß gemacht hat.«

Marius Müller-Westernhagen

Marius Müller-Westernhagen, Musiker. Geb. 1948 in Düsseldorf. Als „Theo" einer der beliebtesten deutschen Schauspieler, dann einer der erfolgreichsten deutschen Musiker. Er provozierte mit „Dicke" und hatte große Hits mit Songs wie „Ganz und gar", „Weil ich Dich liebe" oder auch „Freiheit". Er diskutiert mit Matthias Sammer über Fußball und ist mit Gerhard Schröder befreundet.

Ist Westernhagen wirklich so überheblich, wie er manchmal wirkt? Er hat einigen prominenten Fernseh-Talkshows abgesagt, für „LEUTE" aber Zeit. Das stimmt mich schon mal positiv. Er lässt völlig entspannt und ohne Zicken über alles mit sich reden. Deswegen finde ich das Gespräch sogar sehr angenehm. Er wirkt beinahe schüchtern, ohne es an Selbstbewusstsein mangeln zu lassen. Immerhin wartet vor dem Funkhaus ein Phaeton auf ihn. Stefan Siller

Ich hab gelesen, Sie haben bei den Mädels nicht viel anbrennen lassen?

Wahrscheinlich wie jeder.

Es gibt ja auch die Schüchternen ...

Ich war schüchtern.

Die Mädels sind Ihnen nachgelaufen?

Ich weiß nicht. Vielleicht weckte ich auch ihre mütterlichen Instinkte, ich war ja immer sehr zart. Aber: Ich kann nicht klagen, wollen wir mal so sagen.

Und wie war das mit den Drogen? Die gibt es ja in Ihrem Business öfter mal.

Das gibt es. Ich habe auch viel gesehen und bin zu dem Schluss gekommen, dass es nicht unbedingt zur Kreativität beiträgt, und dass es immer im Negativen endet. Meine Erfahrungen sind sehr gering. Ich habe in den 60ern wie jeder andere auch Haschisch geraucht ...

Und auch inhaliert?

Ich habe auch inhaliert, ja klar. Aber mich hat das nur phlegmatisch gemacht. Und all die anderen Drogen – es ist einfach so, dass ich nicht gern außer Kontrolle gerate.

»Wir haben eine Gesellschaft (auch in der Kultur) von Verlierern und Gewinnern, was natürlich die Kunst und die Kultur zerstört.«

»Die Ereignisse vom 11. September haben mich auch sehr wütend gemacht, wie die Menschen, vor allem die Amerikaner, damit umgegangen sind, mit welcher Ignoranz.«

»Zu den entscheidenden Punkten gehört, dass ich immer versucht habe, mich zu verbessern.«

»Es wäre wirklich eine Tragödie, wenn Borussia Dortmund von der Bildfläche verschwinden würde.«

»Ich war bis heute nicht einen Tag gelangweilt, wenn ich ins Studio ging.«

Sarah Neef

Sarah Neef, Studentin, Tänzerin. 1981 gehörlos geboren in Böblingen. Lernte durch Imitieren und ständiges Training, auch mit einer Therapeutin, sprechen. Liest von den Lippen ab, beherrscht fünf Sprachen, aber nicht die Gebärdensprache. Spielt Flöte und Klavier, tanzt klassisches Ballett, studiert Psychologie und promoviert.

Sollen wir eine Live-Sendung wagen mit einem Gast, der nicht hören kann? Dem Hörer muten wir mehr zu als gewöhnlich, weil er konzentrierter zuhören muss. Vor allem aber dem Gast, der ohne Netz und doppelten Boden von den Lippen des Moderators ablesen muss. Sarah Neef wollte auf die Sicherheit einer Aufzeichnung verzichten. „Eine Live-Sendung,' sagt sie, „ist doch auch nur ein Gespräch mit Ihnen." Ich bewundere sie dafür, wie sie die Situation bewältigt. Sie will Mut machen. Das gelingt ihr.

Stefan Siller

Sie sprechen fünf Sprachen, warum nicht die Gebärdensprache?

Die wenigsten Menschen beherrschen sie. Gehörlosigkeit ist zwar die stärkste soziale Behinderung, aber keine unüberwindliche Barriere zur Integration. 90% der Weltbevölkerung können hören und sprechen. Deshalb lerne ich lieber Fremdsprachen als die Gebärdensprache.

Fühlen Sie sich durch Ihre Behinderung sehr benachteiligt?

Es gibt manchmal Situationen, wo ich mit meiner Behinderung hadere, aber man muss sein Schicksal mit einer gewissen Würde tragen. Dadurch, dass ich von Geburt an gehörlos bin, habe ich nicht das Gefühl, dass mir etwas genommen worden ist.

Fällt einem das Lernen nicht nur der Sprache, sondern ganz allgemein schwerer, wenn man nicht hören kann?

Sprache ist natürlich der Schlüssel, mit dem man die Welt begreift. Aber durch die Gehörlosigkeit habe ich in keiner Weise meine kognitiven Fähigkeiten eingebüßt.

»Die tiefen Töne höre ich in den Beinen und im Bauch, die hohen im Gesicht und mit der Haut.«

»Ich bin eigentlich nicht behindert, solange mir die Menschen nicht das Gefühl geben, behindert zu sein.«

»Manchmal stoße ich schon an meine Grenzen, aber ich möchte nicht von vorn herein kapitulieren, nur weil ich nicht hören kann.«

»Für mich war es besonders schwierig, das „r" zu lernen, denn das ist ein Laut, den man nicht sehen kann.«

Günther Oettinger

Günther Oettinger, Ministerpräsident von Baden-Württemberg. Geb. 1953 in Stuttgart. Ausgebildeter Jurist, trat 1974 in die CDU ein und machte schnell Parteikarriere. Von 1991 bis 2005 Fraktionsvorsitzender in Stuttgart. Setzte sich, nachdem Ministerpräsident Teufel seinen vorzeitigen Rücktritt angekündigt hatte, in einer Mitgliederbefragung gegen die von Teufel favorisierte Annette Schavan durch und wurde am 21. April 2005 zum Ministerpräsidenten gewählt.

Wie verkauft sich ein Politiker, der das Gipfelkreuz vor Augen hat?
Oettinger ist als designierter Ministerpräsident bei uns, schon von der Partei auserkoren, aber noch nicht vom Parlament gewählt. Er wirkt auf mich kompetent, zurückhaltend und bescheiden. Er arbeitet noch an seinem Erscheinungsbild und versucht (nicht immer erfolgreich), langsamer zu reden. Ich verliere eine Flasche edlen Rotwein gegen ihn, weil ich wette, die unsinnig lange Übergangszeit bis zum Wechsel an der Regierungsspitze würde verkürzt. Stefan Siller

Ein Politiker muss natürlich ein Konzept haben, aber er muss es auch verkaufen können. Wie weit können Sie das trainieren, brauchen Sie einen Berater?

Ich habe bisher keinen Profi gehabt, sondern viele gute Ratschläge bekommen, von meiner Mutter, früher von meinem Vater, von meiner Frau und Kollegen. Ich rede zu schnell, sagen die, was auch stimmt. Ich versuche das zu verändern. Für einen Fernsehauftritt ist eine Schulung sicherlich wichtig.

Haben Sie vor, das mal zu machen?

Bin unsicher, eigentlich nicht.

Für wie groß halten Sie die Gefahr, als Prominenter die Bodenhaftung zu verlieren?

Die besteht, und deswegen muss man dagegen Sicherungen einbauen. Die besten Sicherungen sind, wenn man Mitarbeiter ermuntert, nicht zu loben, sondern auch Kritik zu üben. Noch wichtiger ist ein Freundeskreis, den man pflegt. Ich habe einen intakten Freundeskreis. Die hauen mir auch eine rein und sagen mir klipp und klar, was ich falsch mache.

»Ein Che-Guevara-Poster hing jahrelang in Tübingen bei mir auf der Bude während des Studiums.«

»Hartz IV hat manche bürokratische Hürde, aber ist im Prinzip richtig.«

»Anfangs war ich Beatles-Fan, und als die Stones im Neckarstadion waren, bin ich umgeschwenkt.«

»Zuhause trage ich meist einen Jogginganzug oder T-Shirt und kurze Hosen, aber Krawatte macht mir auch nichts aus.«

Cliff Richard

Sir Cliff Richard, Popsänger. Geb. 1940 in Lucknow/Indien. Kommt während des indischen Unabhängigkeitskampfes mit seiner Familie nach England. Gilt zu Beginn seiner Karriere als britische „Elvis-Presley-Kopie", findet 1959 mit „Living doll" zu eigenem Stil. Hat in seiner 46-jährigen Karriere mehr als 200 Alben veröffentlicht, 119 Hits gelandet, mehr Platten verkauft als Elvis, Madonna, Michael Jackson oder die Beatles. Wird in England zum bekanntesten Christen der Welt gewählt – und als erster Popstar von der englischen Königin geadelt.

Sex, Drugs und Rock 'n' Roll – davon trifft auf Cliff Richard nur letzteres zu. Die härteste Droge, die er je genommen hat, ist nach eigenem Bekunden Aspirin – und Sex gehört für ihn ganz klar in die Ehe und nur dorthin. Bis heute hat Cliff Richard „die Richtige" aber noch nicht gefunden. Schade eigentlich, denn so, wie er sich in „LEUTE" präsentiert, wäre er auch der ideale Ehepartner und Vater: Treu, zuverlässig, hilfsbereit, höflich, sportlich, naturverbunden – und so bescheiden, dass man prompt vergisst, einem Superstar gegenüber zu sitzen. Katja Heijnen

Wie sind Sie zum Christentum gekommen?

Nach dem Tod meines Vaters war ich auf der Suche – ich wollte sogar zu einem Wahrsager gehen. Ein Kollege gab mir dann eine Bibel, und ich fing an, darin zu lesen. Danach konnte ich gar nicht mehr anders – ich musste Christ werden.

Was hat sich dadurch in Ihrem Leben verändert?

Das Christentum ist wie ein Spiegel: Es sagt einem, was gut und schlecht ist an einem. Und wenn ich erkenne, was schlecht an mir ist, dann kann ich versuchen, das zu ändern. Ich bin auch jetzt weit davon entfernt, perfekt zu sein – aber ich kenne meine Fehler und kann mich entschuldigen.

Viele wundern sich über Ihre Einstellung zur Sexualität. Glauben Sie immer noch, dass man vor der Ehe keinen Sex haben sollte?

In der Tat glaube ich, dass es besser ist, sich füreinander aufzuheben. Menschen, die vor der Ehe mit anderen Partnern Sex hatten, fällt es dann in der Ehe schwerer, einander treu zu sein. Aber die meisten wollen doch einen Partner fürs Leben!

Sie selbst sind auch noch nicht verheiratet …

Viele meiner Fans bedauern das. Sie schreiben mir: Schade, dass du nicht verheiratet bist. Dann wärst du glücklich, wüsstest, wo du hingehörst und kämst zur Ruhe. Ich sage dann: Aber das trifft doch ohnehin alles auf mich zu – auch, ohne verheiratet zu sein.

»Ich kann mir nicht vorstellen, wie andere Rockstars in einem Hotel einen Fernseher aus dem Fenster zu schmeißen. Wenn ich in ein Hotel gehe, mache ich eigenhändig das Zimmer sauber.«

»Jeder ist doch heute irgendwie Missionar und versucht, Menschen von den Dingen zu überzeugen, die ihm wichtig sind. Bei mir ist es der christliche Glaube. Ich spreche gerne mit anderen drüber. Aber ich will keinen zwingen, das zu glauben, was ich glaube.«

»Elvis war für mich ein musikalisches Erweckungserlebnis. Ich habe versucht, so zu sein wie er – aber keiner wird das jemals schaffen. Elvis wird immer der King bleiben. Er ist unersetzlich.«

»Es ist schön, berühmt zu sein, manchmal freilich auch schwierig. Wenn man zum Beispiel mit Freunden essen gehen will und überall erkannt wird. Dann sage ich mir aber: Sei freundlich zu deinen Fans und schenke ihnen ein Lächeln.«

Ralf Richter

Ralf Richter, Schauspieler. Geb. 1957 in Essen. Wächst in Bochum mit sieben Geschwistern auf. Vater Architekt. Fliegt nach zwei Jahren von der Schauspielschule. Fährt Anfang der 80er Jahre mit seinem Freund Claude-Oliver Rudolph nach München. Beide werden vom Regisseur Wolfgang Petersen für „Das Boot" engagiert. Spielt danach fast immer die etwas rauheren Charaktere. Wird wegen Kokain-Besitzes zu zweieinhalb Jahren Gefängnis verurteilt und sitzt ein paar Monate in München-Stadelheim. Sammelt Spendengelder für ein Waisenhaus im Iran.

Schillernder Typ mit bewegter Vergangenheit. Das ist sein Image. Und das weiß er. Als er kommt, trägt er eine Schirmmütze, die wie ein Spaten vom Kopf wegsteht. Trägt Jeans und Turnschuhe. Ist lustig und locker und spontan. Es ist nicht gespielt, und es wirkt nicht aufgesetzt. Es passt. Es passt auch zwischen uns. Er ist einer von denen, die drauflos erzählen, weil sie viel zu erzählen haben. Wen er nicht mag, der bekommt verbal die volle Breitseite ab. Wen er mag, den verehrt er. Harald Schmidt zum Beispiel. Für einen Freund würde er alles tun. Und bei Frauen wird er schwach. Fürs große Foto hat er übrigens auf Wunsch aller Beteiligten seine Monstermütze abgesetzt.

Wolfgang Heim

Wann haben Sie zuletzt gekokst?

Das ist sicher acht Jahre her.

Waren Sie damals abhängig?

Es war privat eine schlimme Situation. Und ich bin an den falschen Typen geraten und hab das Zeug probiert. Es dauerte keine drei Monate, da hab ich das Kokain schon aufgekocht und geraucht. Wenn man es raucht, dauert es sechs Sekunden, bis es wirkt.

Das ging anderthalb Jahre so?

Ja. Und dann hab ich meinen Sohn vor mir gesehen, der den Kopf geschüttelt hat. Und dann hab ich den Rest, das waren sicher 15 oder 20 Gramm, aus dem Fenster gepustet. Ich war froh, dass der Mist vorbei war.

»Mir war immer klar: Wenn ich dran glaube, bin ich ein Kind des Glücks, und es ergibt sich irgendwie. Und so war es auch.«

»Für meine Familie waren die Knast-Monate ganz schlimm. Meine Tochter hat jeden Abend geweint. Die war damals acht.«

»Bei Harald Schmidt war ich schon mal. Den hätte man zum Bundeskanzler wählen sollen. Schmidt ist der beste Moderator, den wir haben.«

»Durchgeknallt, dass ich morgens aufstehe und mich zusaufe, bin ich gar nicht.«

»Ich bin Mitglied im Fanclub von Schalke 04, weil die Fans so bekloppt sind. Ein unglaublicher Einsatz, die leben für Schalke.«

Rudolf Scharping

Rudolf Scharping, Politiker und Präsident des Bundes Deutscher Radfahrer. Geb. 1947 in Niederelbert. Galt immer als bodenständig, verschaffte sich Anerkennung und Respekt als Ministerpräsident von Rheinland-Pfalz. Wurde vorübergehend SPD-Chef, Kanzlerkandidat und Fraktionsvorsitzender. Musste unter Kanzler Schröder Verteidigungsminister werden. Verunglückte 1996 schwer mit dem Fahrrad. Wurde nach Urlaubsfotos mit seiner Lebensgefährtin und umstrittenen Honorarzahlungen des PR-Beraters Hunzinger entlassen. Im März 2005 zum Präsidenten des Bundes Deutscher Radfahrer gewählt und kandidiert nicht mehr für den Bundestag.

Wie schwer ist es, den Verlust von Macht zu verkraften?
Er stand an der Spitze seiner Partei und hat nun gar nichts mehr zu sagen.
Ich glaube, er hält sich immer noch für den Besten, aber er hat akzeptiert, dass seine Zeit zu Ende ist. Auch wenn er in seinem Innersten noch beleidigt ist, wirkt er wieder ausgeglichener. Er ist souverän genug, Fehler zuzugeben, und hat wieder ein neues Amt, in dem er Funktion und Spaß vereinen kann. Er spricht gar nicht so langsam wie befürchtet. Aber er sieht einem selten in die Augen. Stefan Siller

Werden Sie trotz aller Kritik in der SPD bleiben?

Ja, Lafontainiaden haben nie zu meinem Stil gehört, und das wird auch so bleiben.

Welche Fehler hat die SPD gemacht?

Wenn ein 52-jähriger Arbeitsloser nur genau so lange Unterstützung bekommen soll wie ein 22-jähriger, finde ich das unfair.

Werden Sie für Gerhard Schröder stimmen, wenn er die Vertrauensfrage stellt?

Das erlassen Sie mir jetzt mal. Der Bundeskanzler soll erst mal darstellen, wie er sich das vorstellt.

Kann man die Tour de France ohne Dopingmittel gewinnen?

Ja, ganz eindeutig, das beweisen hunderte Fahrer. Es gibt immer Probleme mit einzelnen, aber keiner schlachtet die ganze Herde wegen eines schwarzen Schafes.

»Das war schon ein ziemlich einschneidendes Erlebnis, auf der Intensivstation aufzuwachen, knapp am Tod vorbei, ohne zu wissen, wie man dahin kommt.«

»Ich bin mit Herz und Seele Sozialdemokrat, mit dem Verstand übrigens auch.«

»Ich kandidiere nicht mehr für den Bundestag, weil ich mir den Spagat zwischen eigener Überzeugung und den Notwendigkeiten eines loyalen Abstimmungsverhaltens nicht zumuten will.«

»Doping ist Betrug: am Zuschauer, am Mitbewerber, an der Sportart und auch an der eigenen Gesundheit, und das muss mit aller Konsequenz bekämpft werden.«

Kay Scheffel

Kay Scheffel, Bauchredner. Geb. 1961 in Gelsenkirchen. Wächst am Niederrhein auf und lebt heute in Limburg an der Lahn. Kommt aus einer Artistenfamilie. Sein Ur-Urgroßvater war Hofzauberer beim König von Sachsen. Sein Großvater Jongleur, Zauberer und Clown. Sein Vater Tenor. Und seine Mutter Akrobatin. Scheitert als Tankwart und entscheidet sich für die Familientradition. Wird mit 18 Jahren der jüngste deutsche Bauchredner. Steht inzwischen seit mehr als 25 Jahren auf der Bühne und feiert große Erfolge u.a. mit dem Raben Rocky.

Was für ein netter und sympathischer Mensch. Als wir uns am Nachmittag vor der Sendung auf einen Kaffee treffen, bringt er Fotoalbum und Familienchronik mit. Erklärt mir alles in allen Details. Will, dass ich es weiß. Dass ich gut vorbereitet bin. Dass wir eine gute Sendung zusammen machen. Dass die Atmosphäre stimmt. Und genau so kommt es auch: Ein freundlicher und gut gelaunter Künstler erzählt von seiner Arbeit und behält die wirklichen Geheimnisse für sich. Signalisiert dafür, dass es Lachen und Lustigsein nicht geben kann ohne Sentimentalität und Melancholie.

Wolfgang Heim

Wie funktioniert bauchreden?

Es ist nicht einfach. Es ist eine eigene Sprache. Mitlaute wie b, m, p, f und w müssen mit Zunge, Gaumensegel und Zähnen so geformt werden, dass sie sich wie diese Buchstaben anhören.

Was ist mit dem Gesicht?

Das Gesicht darf sich nicht verändern.

Wie trainieren Sie Ihre Stimme?

Ich fang an wie ein klassischer Sänger mit stimmbildenden Übungen: „Mimimimi, mimimimi, mimimimi ..."

Werden Sie oft, was die Optik angeht, auf Heinz Erhardt angesprochen?

Immer. Und ich bin sehr stolz darauf, dass ich mit ihm verglichen werde.

»Wenn Opa kam, ging's los mit der Zauberei. Das fasziniert ein Kind am meisten. Wenn plötzlich hinterm Ohr eine Banane auftaucht.«

»Das Publikum ist verantwortlich dafür, dass ich Lampenfieber habe und unter Spannung stehe. Ich weiß, dass ich ohne das Publikum gar nicht existieren würde.«

»Schon in der Schule bin ich immer derjenige gewesen, der korpulent, aber lustig war. Ich hab immer meine Bodyguards gehabt. Mich hat keiner verkloppt.«

»Ich habe eine Lehre als Tankwart angefangen. Aber als ich einen 911er Porsche an die Wand gefahren habe, war das das Ende meiner Tankstellen-Karriere.«

»Ich denk doch nicht im Traum dran, Ihnen jetzt zu erklären, was mein Onkel mir nicht verraten hat.«

Imke Schiersch

Imke Schiersch, Triathletin. Geb. 1970 in Wilhelmshaven. Gelernte Schreinerin. Sehr sportlich: Reiten (mit 2 Jahren begonnen), laufen, Rad fahren, Duathlon, Triathlon, Cross-Triathlon, Winter-Triathlon. Hat Sponsoren und gibt Workshops. Erfüllte sich einen Traum mit der Teilnahme am Ironman auf Hawaii.

Wer ist Imke Schiersch?
Der Name ist so ungewöhnlich wie unbekannt. Sie wurde von einer Kollegin auf Grund ihrer zahlreichen ungewöhnlichen Sportarten und ihres unbekümmerten Auftretens empfohlen. Erster Eindruck: Die ist aber groß (1,86 m). Zweiter Eindruck: Die ist aber nett. Sie ist fröhlich, lacht gern und strahlt Optimismus aus. Sie hält den Ironman nicht für eine Extremsportart, weil sie ihn gern macht. In ihrer Branche gilt sie als Müslitante, und dazu steht sie. Stefan Siller

Warum tut man sich so etwas wie den Ironman auf Hawaii an?

Das war ein Traum, das Tollste, was ich je gemacht habe.

Und was haben Sie dann noch drangehängt, anstatt Urlaub zu machen?

Eine Woche später war der XTERRA. Da bin ich noch mal 1,5 km geschwommen, 30 km querfeldein Rad gefahren und 10 km am Strand und durch die Büsche gelaufen. Das ist die Weltmeisterschaft der Cross-Triathleten.

Ist das normal in Ihrer Branche, solche Wettkämpfe hintereinander zu machen?

Nein.

Was sind denn „fliegende Dosen" für Sie?

Es war nett, dass man in diesem superklaren Wasser vor Big Island Schildkröten getroffen hat. Die gleiten so sanft durchs Wasser – und haben was von fliegenden Dosen ...

Gibt es in der Gegend auch Haie?

Ich habe gehört, dass vor dem Start welche gesichtet worden sind. Ich weiß nicht, wie schmackhaft sie Schwimmer finden.

Ich glaube, wenn sie Hunger haben, probieren sie die schon mal ...

Das Schöne ist, da sind fast 2000 andere Starter – die Auswahl ist dann recht groß (lacht).

»Ich würde den Ironman auf Hawaii gern noch mal machen, etwas schneller, denn es war schon dunkel, als ich ins Ziel kam.«

»Doping muss aus dem Sport verschwinden, deswegen: Keine Toleranz gegenüber Dopingsündern.«

»Wenn man sieht, wie das Wasser vor Hawaii so aufschäumt, dann macht man sich schon Sorgen, ob der eine oder andere Schwimmer das wohl nicht überlebt.«

»Ich wollte unbedingt Massivholzmöbelschreinerin werden und habe eine Lehrstelle mitten im Wald in der Pfalz bekommen. Dort habe ich Udo Bölts getroffen, und der hat mich zum Radfahren gebracht.«

Gesine Schwan

Prof. Gesine Schwan, Politikwissenschaftlerin. Geb. 1943 in Berlin. Studiert Romanistik, Geschichte, Philosophie und Politikwissenschaften. Ist seit 1972 Mitglied der SPD. Gehört zur Grundwerte-Kommission der Partei. Wird im Mai 2004 Kandidatin der rot-grünen Koalition für das Amt des Bundespräsidenten. Geht als Außenseiterin ins Rennen. Verliert schließlich gegen Horst Köhler mit 589 zu 604 Stimmen. Gesine Schwan ist seit 1999 Präsidentin der Europa-Universität in Frankfurt an der Oder. Sie spricht fünf Sprachen, ist zum zweiten Mal verheiratet und hat zwei Kinder.

Gesine Schwan war freundlich, offen und herzlich. Schon beim kurzen Kennenlernen und „Warmreden" unmittelbar vor der Sendung spürte ich: Das wird eine sehr angenehme Atmosphäre. Die Frau hat Humor, lacht gerne und viel. Und sie ist sehr klug. Sie formuliert wohlüberlegt und präzise, aber nicht in den oft üblichen inhaltsleeren Politikerfloskeln. Ganz und gar nicht abgehoben. Und sie spricht auch ganz „normal" über private Dinge, über ihre vieldiskutierte Frisur z. B. oder über ihre Schwäche für Currywurst. Leider hatten wir keine für sie da. Michel Ries

Wie beurteilen Sie die Leistung des Bundespräsidenten?

Ich halte mich da völlig zurück, was die Leistung von Horst Köhler angeht, weil ich mal mit ihm in einer Wettbewerbssituation stand.

Wie oft beobachten Sie ihn und überlegen: Wie hätte ich das jetzt gelöst?

Ehrlich gesagt, so gut wie nicht. Mach ich nicht. Ich konzentriere mich auf andere Sachen. Und ich will auch gar nicht dauernd in die Situation kommen, zu vergleichen: Gefällt mir das oder gefällt mir das nicht? Hätte ich das anders gemacht, oder hätte ich das nicht anders gemacht.

»Ich fand es keinen Augenblick schade, dass ich nicht Bundespräsidentin geworden bin. Es ist schon ganz schön, wenn man weiter privat bleiben kann.«

»Ich schau so gut wie gar nicht fern. Ich komme aus zeitlichen Gründen einfach nicht dazu.«

»Ab und zu mache ich Hausmusik mit meinem Mann. Er spielt Flöte und Klarinette, ich spiele Klavier.«

»Ich bin nicht immer optimistisch. Aber ich habe eine sehr tiefgehende Zuversicht. Das kommt von meinem Elternhaus und von meinem religiösen Glauben.«

»Deutschland ist schon lange reif für eine Bundeskanzlerin.«

Manfred Spitzer

Prof. Manfred Spitzer, Hirnforscher. Geb. 1958 in Darmstadt. Studiert Medizin, Psychologie und Philosophie in Freiburg. Wird 1990 Oberarzt an der Psychiatrischen Universitäts-Klinik in Heidelberg. Erhält Gast-Professuren an der renommierten Harvard-Universität. Übernimmt 1997 den neu eingerichteten Lehrstuhl für Psychiatrie an der Universität Ulm. Gilt als einer der wichtigsten deutschen Hirnforscher.

Er ist der etwas andere deutsche Professor. Kein gelehrtes Sowohl-als-auch. Kein vorsichtiges Abwägen. Kein Standesdünkel. Dafür ist er direkt und spontan, emotional und engagiert. Sein Lieblingsthema: Wir sind eine verblödende Gesellschaft. Schlechte Schule, mieses Fernsehen. Dass ihn viele deshalb angreifen, empfindet er als Auszeichnung. Lust auf Streit, Lust auf Auseinandersetzung. Wenn er kommt, passiert was. Die Säle bei seinen Vorträgen sind voll. Die Bücher verkaufen sich. Und eine Sendung mit ihm ist schneller vorbei als eine Sendung mit anderen. Wolfgang Heim

Nucleus Accumbens ist das so genannte Lust-Zentrum im Gehirn. Wie groß?

Wie eine Haselnuss, ziemlich tief im Hirn gelegen. Aber wir wissen heute, dass es weder ein Lust- noch ein Sucht-Zentrum ist. Dieses Zentrum verleiht den Dingen Wichtigkeit und Bedeutung.

Ist dieses Zentrum auch dafür verantwortlich, dass Verliebte nicht mehr alle Tassen im Schrank haben?

Auch. Akute Verliebtheit heißt akut süchtig sein. Alles andere ist unwichtig. Die eigene Entscheidungs-Hierarchie bricht zusammen.

Gibt es dafür eine evolutions-biologische Erklärung?

Möglicherweise. Wer immer cool war, hat sich wahrscheinlich weniger fortgepflanzt in der Menschheits-Geschichte als derjenige, der auch mal unsinnigerweise Kinder in die Welt gesetzt hat. Auch wenn die Rahmenbedingungen vielleicht gar nicht so gut waren.

Bedeutet das, dass unsere Emotionalität immer stärker ist als unser Verstand?

Jedenfalls ist unsere Emotionalität immer dabei. Und in den meisten Fällen hilft sie uns ja.

»Vor hundert Jahren konnte man tote Gehirne in Scheiben schneiden und unters Mikroskop legen. Heute kann man dem Gehirn bei der Arbeit zukucken.«

»Ich habe keinen Fernsehapparat mehr zu Hause. Ich habe fünf Kinder und wollte nicht, dass wir uns jeden Abend streiten, wer wann was schauen darf.«

»Biologie ist eigentlich ein geniales Fach. Wozu ist das degeneriert? Zu einem dumpfen Fakten-Pauken. Zitronensäure-Zyklus vorwärts und rückwärts. Das gehört abgeschafft.«

»Es gibt Studien, die beweisen, dass der Fernsehkonsum von Kindern und Jugendlichen das spätere Körpergewicht voraussagt. Der Effekt ist dosisabhängig. Je mehr Fernsehen, desto dicker.«

»Ein Lehrer heutzutage kämpft am Vormittag gegen Hollywood am Nachmittag. Und da hat er eigentlich schon fast verloren.«

Josef Vilsmaier

Josef Vilsmaier, Kameramann und Regisseur.
Geb. 1939 in München. Studierte zunächst Musik, arbeitete sich in der Filmbranche vom Materialassistenten bis zum Kameramann hoch und führte bei „Herbstmilch" zum ersten Mal Regie. Hat eigene Produktionsfirma und arbeitet oft mit seiner Frau Dana Vávrová zusammen. Größter Erfolg bislang, „Comedian Harmonists".

Wird das ein verklemmtes Gespräch?
Vilsmaier kam zum Kinostart seines Films „Bergkristall", den ich mir vor der Sendung auf Video angesehen hatte. Was tun, wenn man einen Gast erwartet, den man schätzt, dessen neues Werk man aber für nicht so gelungen hält. Das kann unangenehm werden. Nicht so bei Vilsmaier. Er steht dazu, Kitsch zu mögen, und erzählt so unbefangen und herzlich, dass keine peinliche Atmosphäre entsteht und sich niemand verstellen muss. Er war nicht zum ersten Mal bei uns. Und wohl nicht zum letzten Mal.

Stefan Siller

Ihre Frau, die wieder die Hauptrolle spielt, hat gesagt, sie müsse beim Dreh immer so tun, als seien Sie der Chef. Hat in Wirklichkeit Ihre Frau den Hut auf?

Nein, nein, beim Drehen, da bin ich der Chef. Und wenn der Film zu Ende ist, dann ist sie die Chefin, in der Postproduktion und beim Schnitt, da ist sie einfach besser.

Und wie ist das zuhause, gibt es da einen Chef?

Das ist ausgeglichen. Ich trag den Müll runter, ich räum ganz gern die Spülmaschine ein, das kann ich auch, und inzwischen kann ich auch ganz gut kochen, aber nur Suppen.

Jetzt ist Ihr Film fertig, und Sie müssen die Reklametrommel rühren. Ist das stressig?

Nein. Das Schwierigste ist die Finanzierung, und jetzt, der Filmstart, ist, wie wenn unser Kind auf die Welt kommt.

Was ist so faszinierend an „Mensch ärgere Dich nicht", dass Sie das nächtelang spielen mit Ihrem Kollegen Gernot Roll, seiner und Ihrer Frau?

Das Herrliche ist, dass sich die Frauen immer so furchtbar ärgern. Wir müssen ja rausschmeißen, das ist die Regel, und da wollen die ab und zu schummeln.

»Bei der Kindererziehung bin ich ja ganz streng, was so menschliche oder moralische Werte angeht, dass da kein Schlendrian net einreißt.«

»Ich habe in Alaska bei 54 Grad minus gedreht. Du musst halt vermummt sein a bisserl und darfst nicht mit bloßen Händen irgendwas anlangen, dann bleibst du mit der Haut hängen.«

»Ich muss Weihnachten immer den Karpfen essen, den ich überhaupt nicht mag, und das seit 18 Jahren.«

»Wenn wir da auf den Dreitausendern standen, das war ganz toll, und da habe ich immer meinem Team gesagt, ich muss euch eigentlich gar nicht bezahlen, das ist ja wie Urlaub für euch.«

Hannes Wader

Hannes Wader, Liedermacher. Geb. 1942 in Bethel bei Bielefeld. Macht eine Lehre als Dekorateur und beginnt ein Grafik-Studium. Geht nach Berlin und erlebt die Studentenbewegung. Nimmt 1969 seine erste Platte auf („Hannes Wader singt") und wird innerhalb weniger Jahre einer der eigenwilligsten und erfolgreichsten deutschen Liedermacher. Zum Beispiel mit „Heute hier, morgen dort", der „Ballade vom Tankerkönig", mit „Rohr im Wind" und „Der Rattenfänger". Tritt Ende der 70er Jahre in die DKP ein und 1991 wieder aus. Lebt mit seiner Frau und zwei Kindern in Schleswig-Holstein und geht immer noch regelmäßig auf Tournee.

»Eine lebende Legende zu sein, ist klasse. Ich merke davon nichts, aber wenn die Leute das sagen, ist es nett.«

»Ich bin eine zutiefst nostalgische Existenz. Die Zukunft ist etwas, was mich eigentlich weniger interessiert.«

»Berlin war die große Welt für mich als jemand, der aus dem Teutoburger Wald kommt. Das war schon schwer zu verkraften.«

»Natürlich stehen meine Kinder auf andere Musik. Aber sie mögen die Lieder ihres Vaters. Das freut mich natürlich.«

Die 70er Jahre, meine Jugend. Lange Haare und der Traum von Freiheit und Rebellion. Der Rest von 68 und Stehblues-Gefummel. Zeit der Liebe und des Lichts. Und die Zeit von Hannes Wader. Keiner sang so hart und so böse. Keiner so zärtlich und weich. Lieder gegen die Spießer und für die vielen, die keine Chance hatten. Sehnsucht nach Nähe. Gier nach Glück. Wütend und wüst. Sacht und sentimental. Hannes Wader, ein Idol meiner Jugend. Den durfte ich interviewen. Helden altern nicht wirklich. Wolfgang Heim

Ende der 70er Jahre sind Sie in die DKP eingetreten. Warum ausgerechnet in diesen mausgrauen Funktionärs-Laden?

Ich hatte immer den Eindruck, ich habe den Erfolg und das Geld nicht verdient. Ich fühlte mich verlassen, heimatlos. Ich suchte eine Klammer. Ich wollte Druck und Grenzen spüren.

Aber warum diese schreckliche und schrecklich langweilige DKP?

Sie irren sich. Das waren sehr interessante, sehr wache, sehr intelligente Leute.

Dann habe ich immer nur die anderen erlebt.

Wahrscheinlich. Aber diese Leute, von denen Sie reden, habe ich auch erlebt.

Welche Folgen hatte Ihr Eintritt in die DKP?

Ich bekam waschkörbeweise zerbrochene Platten. „Du alte Drecksau! Du Kommunisten-Schwein! Steck dir die Trümmer deiner Platte sonstwohin!"

Wurden Ihre Lieder noch im Radio gespielt?

Nur in Spezial-Sendungen. Insgesamt verlor ich zwei Drittel meines Einkommens. Das hat mich sehr erleichtert.

Sarah Wiener

Sarah Wiener, Gastronomin. Geb. 1962 in Wien. Spielte die Mamsell, die Hauswirtschafterin, in der ARD-Serie „Abenteuer 1900 – Leben im Gutshaus". Betreibt im Hauptberuf drei Restaurants in Berlin und einen Catering-Service, u. a. für Promis wie Maximilian Schell, Bruce Springsteen und Jürgen Trittin.

Wie lernt man Sarah Wiener kennen?
Viele Berliner kennen Sarah Wiener und viele Beschäftigte im Filmgeschäft auch. Ich wurde erst auf sie aufmerksam, als ich mich mit der ARD-Serie „Abenteuer 1900" beschäftigte. Und siehe da – die Darstellerin treibt auch im richtigen Leben ganz spannende Dinge. Sie ist in ihrer Branche eine große Nummer, kennt viele bekannte Leute und sprüht vor Unternehmungslust. Dass sie gut aussieht, ist natürlich nicht so wichtig und sei deswegen hier nur am Rande erwähnt. Stefan Siller

Wen bekochen Sie mit Ihrer Cateringfirma?

Ich reise europaweit herum und bekoche Teams bei Film, Konzerten, Werbung oder Fernsehen.

Wie sind Sie da reingekommen?

Ich hab ja nichts gelernt, bin so ein typischer Versager. Ich konnte nicht viel außer kochen, da habe ich eben das Kochen zu meinem Beruf gemacht, und ich wollte kreative Leute bekochen.

Sie waren ja nicht die Erste in diesem Geschäft, wie haben Sie sich durchgesetzt?

Ich darf, glaube ich, sagen, dass ich das Filmcatering revolutioniert habe, weil ich nur frisch gekocht und alles von Hand gemacht habe.

»Ich habe da mitgemacht, um so kochen zu dürfen wie vor 100 Jahren.«

»Wir haben Hühner geschlachtet und einmal ein Schwein. Das habe ich komplett zu Wurst verarbeitet und zu Kernseife.«

»Ich weiß die Errungenschaften der Neuzeit wie Emanzipation und Demokratie jetzt mehr zu schätzen als vor zwei Monaten. Als ich gesehen hatte, wie oft mein Gesinde geweint hat, weil sie sich einfach fügen mussten, wusste ich, wie viel sich da schon geändert hat.«

»Ich bin um halb sechs aufgestanden, hatte nie fünf Minuten Pause, und der Tag endete oft erst um zwei Uhr in der Nacht. Wir waren am Rande unserer Kraft, körperlich wie psychisch.«

Roger Willemsen

Dr. Roger Willemsen, Journalist und TV-Moderator.
Geb. 1955 in Bonn. Studiert Germanistik, Philosophie und Kunstgeschichte. Arbeitet als Nachtwächter, Reiseleiter und Museumswärter. Schreibt Bücher und wird TV-Moderator. Interviewt in der „Premiere"-Sendung „0137" mehr als 600 Gäste. Bekommt dafür den Grimme-Preis. Moderiert im ZDF „Willemsens Woche". Erklärt 2001 seinen (vorläufigen) Fernseh-Ausstieg. Engagiert sich für „amnesty international" und „terres de femmes".

Der Tag mit Willemsen begann mit meinem ganz persönlichen Super-Gau. Und zwar deshalb, weil ich nach einer ziemlich kurzen Nacht drei Wecker überhört hatte. Es war 9.37 Uhr, als ich an diesem Morgen zum ersten Mal auf die Uhr schaute. Horror. Katastrophe. Und Notprogramm. Aufstehen, Zähneputzen. Anziehen. Ins Auto. Anruf in der Redaktion. Entschuldigung und Entwarnung. Die Bitte um eine Kanne Kaffee und den Wetterbericht. Um 9.59 Uhr bin ich im Studio. Willemsen sitzt schon da. Sehr entspannt und sehr heiter. Ich sage auch ihm, wie leid mir alles tut. Es wurde ein wunderbares Gespräch.

Wolfgang Heim

Haben Sie Menschen interviewt, mit denen Sie befreundet sind?

Ja, häufig.

Ist das nicht ein Problem?

Ja. Aber es gibt in Interviews keine Farben, die verboten sind. Auch der Flirt, auch die Enttäuschung, auch die Aggression sind interessant. Ich kucke auch den gescheiterten Gesprächen gerne zu.

Hatten Sie ein dramatisch gescheitertes Gespräch?

Viele. Das mit Madonna ist gescheitert, weil wir uns nicht mochten und uns nicht besonders viel zu sagen hatten. Es war in sich tot, aber hochinteressant.

»Mit dem Fernsehen aufzuhören, war eine richtige Entscheidung. Ich habe immer gedacht, ich möchte nur das Fernsehen machen, das ich im Zweifelsfalle selber ankucke.«

»Im Badezimmer von Jassir Arafat sah ich eine kleine Tube Colgate ohne Deckel und einen Gillette-Nassrasierer.«

»Privat und beruflich spreche ich lieber mit Frauen. Weil ich das Gefühl habe, es gibt weniger Verpuppung, weniger Verschalung.«

»Ich war Nachtwächter in der FDP. Man sagte mir, das Gebäude sei leer. Dann raschelte es, und ich ging mit Taschenlampe ins obere Stockwerk. Und da saß Genscher. Eigentlich hätte ich ihn verhaften müssen.«

»Männer müssen männlich sein, potent und stark. Das gilt zum Beispiel auch für Politiker, die einem immer mit Skepsis begegnen. Auch Joschka Fischer und Gerhard Schröder. Selbst Guido Westerwelle.«

Reinhold Würth

Dr. Reinhold Würth, Unternehmer, Beirats-Vorsitzender der Adolf Würth GmbH & Co KG. Geb. 1935 in Öhringen. War 19 Jahre alt, als er von seinem Vater die kleine Schraubenhandlung übernahm. Heute Chef des Weltmarktführers für Befestigungs- und Montagetechnik mit Milliardenumsatz. Legt Wert auf Qualität, Effektivität und engagierte Mitarbeiter und geht immer noch regelmäßig mit seinen Verkäufern zu Kunden. Außerdem einer der größten Kunstsammler der Republik mit etwa 8.000 Exponaten.

Was für eine Ausstrahlung hat einer der (nicht nur an Erfolg) reichsten Männer der Republik?
Er legt die Mischung aus Bescheidenheit und Selbstbewusstsein an den Tag, die sich aus dem Wissen speist, dass er aus ganz einfachen Verhältnissen stammt, jetzt aber ein Chauffeur mit Limousine auf ihn wartet. Er verlangt viel von seinen Mitarbeitern, aber nichts, was er nicht selbst vorleben würde. Er ist ein Patriarch mit allem, was dazugehört.

Stefan Siller

Wenn Sie von Visionen sprechen – lassen die sich konkret beschreiben?

Einen wichtigen Aspekt unserer gesellschaftspolitischen Aufgaben sehe ich in der Zurückdrängung der EDV-Überlastung. Die Unternehmenskulturen leiden, und die Menschen kommunizieren mehr mit ihrer Kiste anstatt Auge in Auge mit ihren Kollegen.

Stimmt es, dass Sie Ihren Vertretern die Laptops weggenommen haben?

Habe ich, und das hat dazu geführt, dass der Umsatz wieder wächst. Wenn meine Leute beim Kunden erst mal zwei Minuten brauchen, um die Kiste zum Gehen zu bringen, dann ist das 10% der Verkaufszeit. Wir haben heute 28.000 Verkäufer. Wenn das überall so ist, würden Sie 2.800 Verkäufer nur zum Laptopanschmeißen beschäftigen!

Und wie war das mit dem Tanken, als Sie neulich mit einem Verkäufer unterwegs waren?

Ah ja, sagt der Mann morgens um halb elf, in der besten Verkaufszeit: Jetzt muss ich tanken. Dann fehlen da zehn Minuten, und wenn Sie das wieder auf 28.000 Verkäufer umlegen, dann beschäftigen Sie wieder 1.000 oder wie viele nur zum Auftanken. Deswegen empfehle ich ganz massiv, gefälligst das Auto vor Geschäftsbeginn oder noch am Abend zu betanken.

»Ich hatte das Glück, von meinem Vater eine nicht-antiautoritäre Ausbildung zu genießen.«

»Ich freue mich an jedem Monatsende, wenn wir in Baden-Württemberg wieder 0,8% weniger Arbeitslosigkeit haben als unsere bayerischen Freunde.«

»Ich weiß, dass oft ein „Dankeschön" mehr Motivation bewirkt als 1.000 € mehr im Monat.«

»Ich kann auch mal explodieren, aber wenn ich sehe, ich habe etwas falsch gemacht, dann sage ich Entschuldigung.«

Rolf Zacher

Rolf Zacher, Schauspieler. Geb. 1941 in Berlin. Macht eine Bäckerlehre, wird Kellner und Barmixer, lernt Pantomime bei Samy Molcho. Wird Schauspieler und spielt meistens die gebrochenen Charaktere und gescheiterten Existenzen. Hat inzwischen mehr als 200 Filme gedreht. Steht immer wieder als Rock 'n' Roller auf der Bühne, u. a. mit Amon Düül und Hazel O'Connor. Wird nach einem schweren Autounfall erst morphiumabhängig und dann heroinsüchtig. Landet im Knast. Schafft nach 10 Jahren den endgültigen Entzug.

Was ist er, und was hat er? Ist er ein durchgeknallter großer Bruder? Ist es Sympathie oder Vertrautheit oder beides? Zweimal zuvor hatte ich ihn in der Sendung gehabt. Einmal kam er nicht. Trotzdem glaube ich zu wissen, wie er tickt. Wie er denkt. Wie er fühlt, das vor allem. Als Wahnsinniger und als Chaot. Als emotionaler Vulkan. Als kleiner Junge, der trotzig darauf besteht, dass die Welt und die Sonne sich gefälligst um ihn zu drehen haben. Als Mann, der mit der tiefen Überzeugung durchs Leben geht, der liebe Gott hätte die Frauen einzig für ihn geschaffen. Beim letzten Mal ist er mit zwei Mädels abgezogen. Dieses Mal ging er allein.

Wolfgang Heim

Ist Yoga besser als Sex?

Kann man nicht sagen. Ist Eislaufen besser als Fallschirmspringen?

Was ist mit den Frauen? Ist das noch ein Thema? Oder ist Yoga das Thema?

Yoga ist dazu da, die Lebensqualität zu erhöhen. Und wenn man sich dann mit einem Plus vereinigt, ist das was ganz besonderes.

Bist du immer noch abhängig von den Frauen und ihrer Schönheit?

Ein Glück, Mensch! Frauen sind sowieso die Göttinnen.

»Ich mache Yoga seit 30 Jahren. Du hast doch in meinen Bauch gedrückt und Dir fast die Finger verbogen.«

»Frauen sind unheimlich stark und unheimlich zart. Meine Mutter zum Beispiel. Wie stark die war, das ist ungeheuer.«

»Mein Vater ist im Krieg gefallen. Man hat immer Sehnsucht. Lino Ventura und Jean Gabin waren dann eben meine Väter.«

»Ich wollte keine Filme mehr machen. Nur noch Musik. Und ich bin zu Amon Düül gezogen und war da zwei Jahre. Und das war klasse.«

»Es gibt schwule Männer, die hauen Dir eins vor die Gurke. Da fliegst Du gleich 13 Meter weg!«

Senait Mehari

Senait Mehari, Sängerin und ehemalige Kindersoldatin. Geb. 1975 (oder früher) in Eritrea. Wird als Säugling von ihrer Mutter in einem Koffer ausgesetzt. Kommt in ein Waisenhaus. Wird vom Vater abgeholt und mit sechs Jahren in einem Guerilla-Camp abgegeben. Wird Kindersoldatin und erlebt drei Jahre lang die Grausamkeiten des eritreischen Bürgerkrieges. Kann in den Sudan fliehen. Kommt mit zwölf (?) Jahren nach Deutschland und erhält – zusammen mit ihrem Vater – politisches Asyl. Macht in Hamburg Abitur und wird Anwaltsgehilfin. Schreibt ihre Autobiografie „Feuerherz" und landet damit einen Bestseller. Arbeitet an einer Karriere als Pop-Sängerin.

Versucht man, sie zu beschreiben, landet man im tiefen Keller der großen Klischees: Schönheit. Ausstrahlung, Esprit. Haltung. Dazu die Augen. Der Gang. Die Einzigartigkeit. Wer eine solche Horror-Kindheit überlebt hat, muss stark sein. Muss sich wehren und muss sich fügen können. Muss verdrängen und aufarbeiten. Muss alle Gegensätze dieser Welt leben. Braucht mehr als alle anderen die innere Balance. Ende Juli war Redaktionsschluss für das Buch. Und drei Tage später kam sie zur Sendung. Und wir wussten sofort: Diese Frau muss noch rein. Sie ist die Ausnahme. Sie ist das Feuerherz.
Wolfgang Heim

Was macht Ihre musikalische Karriere?

Sehr gut. Das neue Album ist sehr persönlich.

Haben Sie alles selbst gemacht?

Komplett. Arrangement. Produktion. Musik.

Sie haben sich eine schlechte Zeit ausgesucht. Das Musikgeschäft liegt ziemlich am Boden ...

Ich kann mit Enttäuschungen sehr gut umgehen. Vieles von mir ist gefloppt. Aber jetzt habe ich ein gutes Gefühl.

Gibt es für Sie eine berufliche Alternative zur Musik?

Ich kann mir nichts anderes vorstellen. Lieber wie Marla Glenn in einem verrauchten Schuppen singen, als wieder als Anwaltsgehilfin im Büro sitzen.

»Es war immer laut. Und beängstigend. Man war geschwächt. Man war hungrig und durstig. Und man wusste nicht, wie lange man noch lebt.«

»Ich weiß, dass ich 1976 definitiv nicht geboren bin, sondern früher. Vielleicht 1975 oder 1974. Aber das ist kein Problem für mich.«

»Ich liebe Hamburg.
Teenager-Zeit. Große Liebe. Freundinnen. Schule. Ich liebe Hamburg.«

»Die Menschen in Eritrea sind sehr bescheiden, sehr stolz, tragen alles mit Würde und helfen sich gegenseitig.«

»Mit Hilfe eines wunderbaren Onkels konnten wir fliehen. Er hat uns als Beduinen verkleidet aus dem Camp rausgeholt.«

Barbara Auer
Seite 8/9 CD Track 1

Dieter Baumann
Seite 10/11 CD Track 2

Prof. Kurt Biedenkopf
Seite 12/13 CD Track 3

Dr. Alfred Biolek
Seite 14/15 CD Track 4

Vera Bohle
Seite 16/17 CD Track 5

Rolf Bossi
Seite 18/19 CD Track 6

Michel Bovay
Seite 20/21 CD Track 7

Manni Breuckmann
Seite 22/23 CD Track 8

Pierre Brice
Seite 24/25 CD Track 9

Eva Bude
Seite 26/27 CD Track 10

Carl-Hubertus von Butler
Seite 28/29 CD Track 11

Mathieu Carrière
Seite 30/31 CD Track 12

Sky du Mont
Seite 32/33 CD Track 13

Wolfgang Fierek
Seite 34/35 CD Track 14

Jürgen Fliege
Seite 36/37 CD Track 15

Bischof Dr. Gebhard Fürst
Seite 38/39 CD Track 16

Joachim Gauck
Seite 40/41 CD Track 17

Stefan Gwildis
Seite 42/43 CD Track 18

Dieter Hildebrandt
Seite 44/45 CD Track 19

Nina Hoss
Seite 46/47 CD Track 20

Horst Janson
Seite 48/49 CD Track 21

Patricia Kaas
Seite 50/51 CD Track 22

Christine Kaufmann
Seite 52/53 CD Track 23

Günther Kaufmann
Seite 54/55 CD Track 24

Peter Kraus
Seite 56/57 CD Track 25

Prof. Hans Küng
Seite 58/59 CD Track 26

Lotti Latrous
Seite 60/61 CD Track 27

Kardinal Karl Lehmann
Seite 62/63 CD Track 28

Jürgen Leinemann
Seite 64/65 CD Track 29

Donna Leon
Seite 66/67 CD Track 30

Udo Lindenberg
Seite 68/69 CD Track 31

Joachim Löw
Seite 70/71 CD Track 32

Peter Maffay
Seite 72/73 CD Track 33

Michaela May
Seite 74/75 CD Track 34

John Mayall
Seite 76/77 CD Track 35

Lisa Moos
Seite 78/79 CD Track 36

Armin Mueller-Stahl
Seite 80/81 CD Track 37

Marius Müller-Westernhagen
Seite 82/83 CD Track 38

Sarah Neef
Seite 84/85 CD Track 39